별 헤는
광야의
시인들

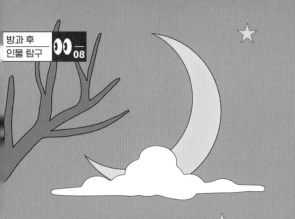

# 별 헤는
# 광야의
# 시인들

## 일제강점기에도
## 꺾이지 않은 저항 시인 7인

박용진 지음

다른

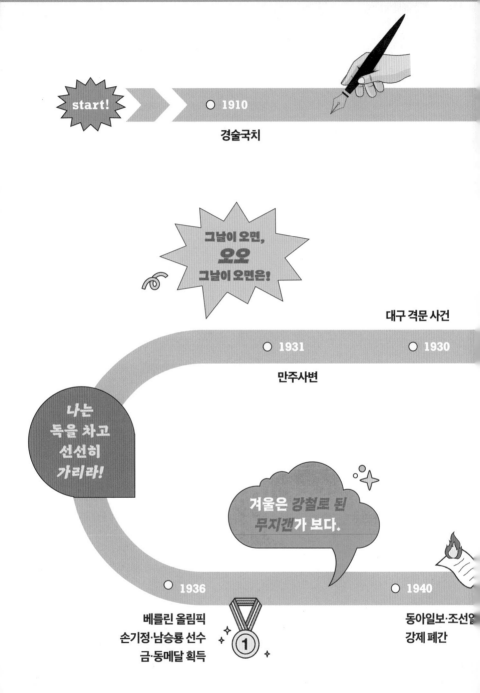

차례

일제강점기에는 어떤 일들이 있었을까?                    004

**1** **꺾이지 않는 대나무** 한용운                    010
불교계에 한 획을 긋다 | 침묵을 깨뜨린 민족대표 |
시로 승화한 강력한 의지 | 어둠을 밝히는 등불
◎ 낭만 가득 시 이야기_개자식은 욕이 아닐세

**2** **배앗긴 들의 봄을 기다린 낭만가** 이상화         030
자유와 독립을 갈망한 귀공자 | 시인의 마돈나는 과연 누구인가 |
관동 대지진에서 살아남다 | 윤봉길을 울린 시 | 아직 오지 않은 봄
◎ 낭만 가득 시 이야기_이상화 문학 기행

**③ 그날을 기다린 상록수 심훈**     052

친일파 집안의 독립운동가 | 심훈은 참지 않지 | 팔방미인형 예술가 |
저항시의 본보기, 〈그날이 오면〉 | 신문지 뒷면에 쓴 생애 마지막 작품

◎ 낭만 가득 시 이야기_시인과 야구


**④ 독을 차고 모란을 기다린 시인 김영랑**     072

입 속의 구슬 같은 그 이름, 영랑 | 운명적 동료들 |
시인의 모란꽃은 과연 누구인가 | 음악을 닮은 시 | 마음껏 그리고 그린 태극기

◎ 낭만 가득 시 이야기_일제강점기 우리 문학의 성격

**5** **외롭고 높고 쓸쓸했던 갈매나무** 백석     096

모던 보이의 모던 시 | 불안한 예감은 왜 항상 적중할까 |
그리운 고향의 풍경을 시에 담다 | 가난하고 외롭고 높고 쓸쓸하게

⚙ 낭만 가득 시 이야기_고독한 미식가 백석


**6** **잎새에 이는 바람에도 괴로워하다** 윤동주     118

수줍음이 많았던 미남 시인 | 대기는 만성이지 | 괴로웠던 사나이 |
조선말로 시를 쓴 죄 | 하늘과 바람과 별이 된 시인

⚙ 낭만 가득 시 이야기_윤동주는 우리 시인

**7** **강철 무지개를 꿈꾼 초인** 이육사     140

264, 이름이 된 수인 번호 | 침묵은 나의 무기 |
춥고 외로운 고원에서 홀로 | 펜을 들고 싸우리라

◉ 낭만 가득 시 이야기_육사(六四) 육사(戮史) 육사(肉瀉) 육사(陸史)


대신 물어봐 드립니다, 작가 인터뷰     160

교과 연계     168

참고 자료     170

# 독립에 진심인

## 스님이자 시인

변절한 사람은
살아도 죽은 것

#민족대표33인

| 사교성 | |
| --- | --- |
| 천재성 | |
| 노력 | |
| 행복 | |
| 수명 | |

# 꺾이지 않는 대나무
# 한용운

## 1879~1944

**충청남도 홍성군 출생**
**스님, 독립운동가, 시인**

대표작

〈님의 침묵〉〈알 수 없어요〉
〈나룻배와 행인〉〈사랑의 끝판〉〈복종〉

"세상에서 가장 더러운 것이 무엇인지 아십니까?"

　일본의 불합리한 불교 정책에 찬성하는 스님들이 모인 자리에서 한용운이 느닷없이 질문을 던졌어. 모두 한용운의 의도를 몰라 어리둥절한 와중에 그가 대답했지.

　"세상에서 가장 더러운 것은 똥입니다."

　그러자 다들 당연하다는 반응을 보였어. 한용운은 이를 잠시 가만히 지켜보다가 다시 말을 이었지.

　"그런데 똥보다 더러운 것이 있습니다. 그것이 무엇인지 아십니까?"

　다시 좌중은 조용해졌고, 한용운은 말했어.

　"바로 송장입니다. 똥 옆에서 밥을 먹는 사람은 있어도 썩어가는 시체 옆에서 밥을 먹는 사람은 없으니까요. 그런데, 그 송장보다 더 더러운 것이 있습니다. 그것이 무엇인지 아십니까?"

재미있는 이야기를 하는 것으로 여긴 스님들은 한용운의 말에 점점 귀를 기울였어. 그리고 대체 그보다 더러운 것이 무엇이냐고 묻기 시작했지. 그러자 여태까지 은은한 미소를 지으며 얘기를 이어가던 한용운이 갑자기 호통을 치며 이렇게 소리쳤어.

"바로 여기 모여 있는 네놈들이 세상에서 가장 더러운 것들이다!"

## 불교계에 한 획을 긋다

고집스럽게 다문 입술, 날카롭게 반짝이는 눈빛. 체구는 작았지만 언제나 당당하게 불의에 맞섰던 사람. 한용운은 불교의 근대화를 주장한 승려이자 일제의 탄압에 항거한 독립운동가였으며, 아름다운 시를 남긴 시인이었어.

한용운은 1879년 충청남도 홍성군에서 태어나 어린 시절을 보냈어. 우리가 알고 있는 '용운'은 사실 그의 원래 이름이 아니야. 아이 때의 이름인 아명은 '유천'이었고 성년이 된 후의 본명은 '정옥'이었지. '용운'은 그가 출가해 받은 법명(승려가 되는 사람에게 지어 주는 이름)이고 호는 큰 바다라는 뜻의 '만해'였어. 즉, 우리는 승려로서의 이름인 '만해 한용운'으로 그를 부르고 있는 거야.

어린 시절 한용운은 무척이나 총명한 아이였어. 6살부터 서당에서 한학을 익혔고 9살에는 사물의 이치를 깨달아 신동이라는 소리를 듣으며 자랐거든.

하루는 서당에서 어린 한용운이 유교 경전 중 하나인 《대학》을 읽다가, 갑자기 먹으로 글자들을 지우더래. 훈장님이 이 모습을 보고는 의아해서 "왜 글자들을 다 지우고 있느냐?"라고 물으니, "여기에 달린 주석들은 그 본뜻을 제대로 이해하지 못하고 쓴 것들입니다. 그래서 마음에 들지 않아 이것들을 지우는 중입니다"라고 대답했대. 어른도 읽기 어려운 글의 내용을 꿰뚫어 보고, 잘못된 해석을 수정할 수 있을 정도로 총명한 아이였던 거지.

한용운은 14살에 결혼했어. 이처럼 성인이 되기 전에 일찍 결혼하는 것을 조혼이라고 하는데, 과거에는 아이를 낳아 대를 잇는 것을 중요하게 여겼기 때문에 이 같은 풍습이 있었어. 그런데 너무 어렸던 탓일까? 아니면 세속의 삶에 답답함을 느꼈던 걸까? 한용운은 아내와의 사이에 아들도 낳았지만, 결국 출가해서 승려가 되었어. 그 시기는 명확하지 않은데, 그가 19살 때 아내의 출산을 앞둔 시점에 미역을 사겠다고 집을 나와 설악산 오세암으로 향했다고 하기도 하고, 27살까지 한학을 공부하다 백담사에 가서 승려가 되었다고도 해.

1910년 승려 한용운은 《조선불교유신론》이라는 책을 썼어.

현실에 안주하려는 승려들에게 따끔하게 충고하는 책이지. 승려 역시 생산 활동에 참여해 현실과 맞닿아 있어야 하고, 대중과 가까워지기 위해서는 절을 도시로 옮겨야 한다는 불교 개혁이 주된 내용이야.

그는 또한 불경 안에 아무리 좋은 말씀이 담겨 있어도 대중이 읽고 이해할 수 없다면 의미가 없다고 보았어. 그래서 팔만대장경에 담긴 불교의 교리를 요약해 한글로 풀어 쓰기도 했지. 그 책이 바로 1914년에 집필한 《불교대전》이야.

그뿐만 아니라 일제가 일본 불교와 우리 불교를 통합하려 하자, 일본의 불교는 조선에서 건너간 것인데 스승이 제자 밑으로 들어가는 것은 말이 안 된다며 승려 궐기 대회(어떤 문제에 대해 해결책을 촉구하기 위해 뜻있는 사람들이 함께 일어나 행동하는 모임)를 열기도 했어. 승려들을 한마음 한뜻으로 모으기 위한 노력이었지.

55살이 되던 해인 1933년에는 재혼을 하면서 우리나라에서는 보기 드문 대처승이 되었어. 대처승은 결혼해서 자녀를 두고, 때에 따라 육식도 하는 승려야. 승려가 결혼이라고? 거기다 육식도 한다고? 좀 아닌 것 같다는 생각이 들지? 사실 대처승은 일본에서 들어온 불교문화야. 한용운은 승려가 속세 사람들의 삶, 가장의 책임을 이해하지 못하고서는 중생의 마음도 알 수 없다는 자신의 신념에 따라 대처승이 되었던 거야. 일제를 정말 싫어하고 결코 가까이한 일이 없었지만, 아무리 그런 그들의 문화라도 배울 점이 있고 쓸모가 있다면 받아들일 줄 아는 사람이었던 거지.

## 침묵을 깨뜨린 민족대표

1910년 8월 29일 대표적인 친일파 인물인 이완용과 일본 통감인 데라우치 마사타케의 형식적인 회의 이후 대한제국은 강제로 국권을 잃었어. 이날이 바로 '경술년에 일어난 나라의 치욕'인 경술국치로, 일제강점기가 시작된 날이야. 수천 년 발붙이고 살아온 터전을 하루아침에 잃고 일본의 지배를 받게 된 사람들의 심정은 얼마나 참담했을까? 1926년에 출간된 한용운의 시집 《님의 침묵》에 실린 첫 시 〈님의 침묵〉에는 나라 잃은 슬픔이 잘 드러나고 있어.

님은 갔습니다. 아아, 사랑하는 나의 님은 갔습니다.
푸른 산빛을 깨치고 단풍나무 숲을 향해 난 작은 길을 걸어서, 차마 떨치고 갔습니다.
황금의 꽃같이 굳고 빛나던 옛 맹세는 차디찬 티끌이 되어서 한숨의 미풍에 날아갔습니다.

날카로운 첫 키스의 추억은 나의 운명의 지침을 돌려 놓고
뒷걸음쳐서 사라졌습니다.

(중략)

우리는 만날 때에 떠날 것을 염려하는 것과 같이 떠날 때에 다시
만날 것을 믿습니다.

아아 님은 갔지마는 나는 님을 보내지 아니하였습니다.

제 곡조를 못 이기는 사랑의 노래는 님의 침묵을 휩싸고 돕니다.

- 한용운, 〈님의 침묵〉

시집 《님의 침묵》에는 '님'이 여러 번 등장해. 님은 사랑하는
연인일 수도 있지만, 한용운의 삶에 비추어 볼 때 부처나 빼앗긴
조국이 될 수도 있어. 여기서 우리는 '님'을 빼앗긴 조국이라고
생각하고 읽어 보자. 당시의 애통한 상황과 희망의 끈을 놓지 않
으려는 화자의 모습을 볼 수 있을 거야.

한용운의 님은 사랑의 추억만 남기고 사라져 버렸어. 그렇
다고 슬픔과 절망에 빠져 아무것도 하지 않는다면 님은 영영 돌
아오지 않을 거야. 한용운은 이를 잘 알고 있었고, 시 속 화자처
럼 님을 찾기 위해 적극적으로 움직였지.

1919년 3월 1일 서울 종로구에 있는 태화관에서 아주 중요
하고도 의미 있는 사건이 일어났어. 바로 민족대표 33인이 모여

독립선언을 한 일이야. 그 중심에 한용운이 있었지. 한용운은 각 종교를 대표하는 인물들을 찾아가 독립선언에 참여하도록 설득했어. 그리고 천도교, 기독교, 불교를 하나로 모아 독립운동을 전개했지. 이때 누군가는 독립운동으로 많이 죽거나 다치지 않겠느냐며 발을 빼려고 했어. 또 누군가는 자기 재산을 잃게 될까 봐 걱정했지. 그러자 한용운은 이런 반응을 보인 사람들을 앞으로 다시는 상종하지 않겠다고 맹세했어. 고집이 있는 것은 물론 맺고 끊음이 분명했던 사람인 걸 알 수 있지.

마침내 천도교 15명, 기독교 16명, 불교 2명 이렇게 총 33명이 모여 독립선언의 시기와 장소에 대해 논의하게 되었어. 처음에는 고종 황제의 장례일인 3월 3일 전날, 3월 2일이 어떻겠냐는 의견이 나왔지. 그러나 기독교계에서 그날은 일요일이라 교리에 따라 불가능하다고 했어. 그래서 그 전날인 3월 1일로 결정된 거야. 장소는 원래 서울시 종로구에 있는 탑골 공원이었는데, 이곳은 개방된 장소라 자칫 너무 많은 사람이 몰릴 위험이 있었어. 많은 사람이 모여 감정에 휩쓸리게 되면 폭력 사태가 일어날 수도 있으므로 요릿집인 태화관으로 장소를 바꾸게 된 거야.

이 거사에서 가장 중요하다고 할 수 있는 독립선언서는 시인이자 역사학자인 육당 최남선이 작성했어. 그런데 한용운은 그의 글이 길고 어려워 백성들이 다 이해하지 못할까 봐 걱정했

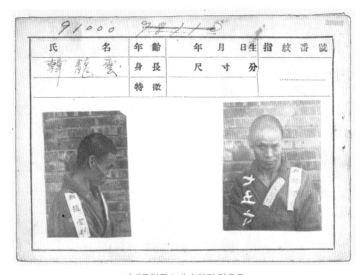

<table>
<tr><td>氏　　名</td><td>年齡</td><td colspan="2">年　月　日生</td><td>指紋番號</td></tr>
<tr><td rowspan="2">韓龍雲</td><td>身長</td><td colspan="2">尺　寸　分</td><td></td></tr>
<tr><td>特徵</td><td></td><td></td><td></td></tr>
</table>

서대문형무소에 수감된 한용운

그는 출옥 소감으로 "고통 속에서 즐거움을 얻는다는 불교 경전의 말을
몸으로 당하기는 처음인데, 나는 감옥 속에서도 즐거움으로 지냈다"라고 말했다.

지. 그래서 시간이 얼마 남지 않은 상황에서 독립선언서 뒤에 공약 3장을 덧붙여 최대한 간결하게 독립 의지를 표명하고자 했어.

3월 1일 당일에는 민족대표 33인 중 29명이 모였어. 그 자리에서 한용운이 대표로 독립선언서를 낭독한 뒤 만세 삼창을 했고, 탑골 공원에서도 학생들이 독립선언서를 낭독한 후 만세 운동을 시작했지. 얼마 지나지 않아 일본 경찰들이 들이닥쳤고 한용운은 의연하게 잡혀가 옥살이를 했어. 그는 거사 전에 감옥에 가게 될 것을 예견하고, 다른 민족대표들에게 3대 행동 원칙을 제시했어. '변호사를 구하지 말 것, 사식을 들이지 말 것, 보석을 요구하지 말 것'.

막상 감옥에 갇히게 되니 죽음이 두려워 우는 사람들이 있었어. 왜 안 그렇겠어? 그러나 한용운은 그런 그들에게 민족대표로 서명한 것을 취소하라고 호통치며 오물을 뿌리기도 했어. 정말 대쪽 같은 사람이지?

서대문형무소에 수감된 한용운은 검사가 조선 독립의 타당성에 대한 답변을 요구하자 '조선 독립의 서'라는 글을 쓰는데, 이때 같은 글을 두 번 써서 한 부는 제출하고 한 부는 휴지에 적어 노끈처럼 꼬아서 그의 제자 춘성 스님이 면회 왔을 때 몰래 건네주었어. 이것이 여러 경로를 거쳐 대한민국 임시 정부까지 전달되고, 〈독립신문〉에 실리면서 그 내용이 세상에 알려졌지. 어떤 내용일지 궁금할 텐데, 간단히 말하면 자유와 평화의 정신을 바탕으로 독립의 당위성에 대해 논설한 글이야. 지금도 뛰어나다고 평가받는 글이니 꼭 한번 찾아서 읽어 보기를 바라.

### 시로 승화한 강력한 의지

3년간 온갖 고초를 겪고 출옥하는 한용운을 맞이하려고 많은 사람이 형무소 앞에서 기다렸어. 그런데 그중에는 독립운동에 소극적인 사람이나 변절한 사람도 있었지. 그런 사람들이 눈에 보이자 한용운은 그들의 인사는 받지도 않은 채 호통을 쳤어.

"그대들은 남을 마중할 줄은 아는 모양인데 왜 남에게 마중받을 줄은 모르는 인간들인가!"

그러고는 그 자리에서 등을 돌려 자리를 떴지. 이 말인즉, 왜 자신처럼 떳떳하게 나서서 독립을 외치지 않았느냐고, 일제의 고문이 그렇게 두려웠냐고 꾸중한 거야.

그가 출옥한 후인 1920년대에 일제는 '문화 통치'라는 명목으로 교육과 언론을 이용해 친일 지식인을 양성했어. 이를 위해 당시 영향력 있던 문인들을 포섭해 나갔는데, 그 과정에서 당시 항일단체들의 이념이 서로 다르다는 점을 이용해 그들을 이간질하기도 했지. 여기에 넘어간 많은 독립운동가가 변절하고 말았어. 그중에는 3·1 운동 때 독립선언서를 써서 한용운과 함께 감옥에 갇힌 육당 최남선도 있었어. 그는 일제가 만든 기관인 조선사 편수회에서 식민 사관(일제가 한국 침략과 식민 지배의 기반을 확고히 하기 위해 조작해 낸 역사관)에 따라 조선의 역사를 편찬했어. 그리고 1930년대에는 조선총독부 중추원의 간부에 임명되기도 했지.

한번은 이런 일도 있었어. 한용운은 최남선의 변절 소식을 듣고 분개하며 혼자서 최남선의 장례를 치렀어. 나라를 버리고 변절한 사람은 살아 있더라도 죽은 것이나 마찬가지라고 여겼거든. 이후 최남선이 한용운을 찾아오자 한용운은 그를 정말로 죽은 사람 취급했어.

"선생님, 오랜만입니다. 저 육당입니다."

"육당이 누구요?"

"선생님, 저 최남선입니다. 벌써 잊어버리셨습니까?"

"내가 알던 최남선은 벌써 죽었기에 내가 장례까지 치러 주었소."

이에 최남선은 차마 고개를 들지 못했다고 해.


그것이 참말인가요. 님이여,

속임 없이 말씀해 주셔요.

당신을 나에게서 빼앗아 간 사람들이 당신을 보고

「그대는 님이 없다」고 했다지요.

그래서 당신은 남모르는 곳에서 울다가, 남이 보면

울음이 웃음으로 변한다지요.


(중략)


당신을 나에게서 빼앗아 간 사람들이 당신을 보고,

「그대의 님은 우리가 구해 준다」고 했다지요.

그러면 당신은 「독신 생활을 하겠다」고 했다지요.

그러면 나는 그들에게 분풀이를 하지 않고는 견딜 수가 없습니다.

많지 않은 나의 피를 더운 눈물에 섞어서,

피에 목마른 그들의 칼에 뿌리고,

「이것이 님의 님이라」고 울음 섞어서 말하겠습니다.

- 한용운,〈참말인가요〉

육당 최남선이 한용운의 이 시를 읽었다면 어떤 생각이 들었을까?《님의 침묵》에 실려 있는 이 시는 일제에 대한 저항 의식이 뚜렷하게 드러나는 작품이야. 이 시에서 일제는 나라를 빼앗긴 '당신'을 조롱하기도 하고 독립운동을 포기하면 안락한 생활을 보장해 주겠다고 회유하기도 해. 그럼에도 '당신'은 온갖 달콤한 말을 뿌리치고 지조를 지키는 사람이지.

강제로 일제의 지배 아래 놓이게 된 '조국'이 가장 그리워할 사람은 누구일까? 바로 나라를 위해, 이 땅에 살아가는 백성을 위해 한 몸 바치는 사람일 거야. 이 시의 '당신'이 바로 그런 사람이지. 한용운은 이 시에서 지조 있는 독립투사를 '조국의 님'에 빗대어 칭송하고 있어. 그러나 육당 최남선은 그런 사람이 되지 못했지.

### 어둠을 밝히는 등불

한용운은 한곳에 정착하지 않은 채 **신간회** 활동을 하거나 불교계 독립운동 비밀 조직인 만당을 이끌었어. 나병 구제 연구회를 조직해 나병 환자들을 돌보기도 했지. 정말 다양한 방면에서 민족을 위해 끊임없이 활동했던 사람이지?

---

**🚲 지식 더하기**　　　　　　　　　　　　❌ ➖ ⊘

신간회
1920~30년대 반일 운동은 민족주의와 사회주의 운동 두 흐름으로 나뉘어 있었다. 신간회는 이러한 이념 차이를 극복하고 좌익과 우익이 힘을 합쳐 결성된 대표적인 항일단체다. 회원 수 약 4만 명으로 가장 규모가 컸다.

---

그는 이처럼 한동안 여기저기 떠돌며 생활하다가 1933년 서울시 성북구 성북동에 집을 짓고 '심우장'이라고 이름 붙였어. '심우'는 소를 찾는다는 뜻인데, 불교에서 소는 번뇌를 끊어 낸 마음을 의미해. 따라서 심우장이라는 이름에는 바른 마음을 찾기 위해 자신을 닦겠다는 한용운의 의지가 담겨 있지.

특이한 점은 이 집이 북향이라는 거야. 집은 원래 남향으로 지어야 볕이 잘 들어서 여름에는 습하지 않고 겨울에는 따뜻하거든. 그러나 한용운은 조선총독부와 마주 보기 싫다며 굳이 언덕을 남쪽에 두어 볕이 들지 않는 북향으로 터를 잡아 집을 지었다고 해.

서울특별시 성북구에 있는 심우장
한용운이 말년을 보낸 곳으로
그의 글씨와 공판 기록, 연구 논문집 등을 보존·전시하고 있다.

녜 녜 가요, 지금 곧 가요

에그 등불을 켜려다가 초를 거꾸로 꽂았습니다그려 저를 어쩌나 저

사람들이 흉보겠네


(중략)


님이여 하늘도 없는 바다를 거쳐서 느릅나무 그늘을 지어버리는

것은 달빛이 아니라 새는 빛입니다

홰를 탄 닭은 날개를 움직입니다

마구에 매인 말은 굽을 칩니다

네 네 가요 지금 곧 가요

– 한용운, 〈사랑의 끝판〉

〈님의 침묵〉에서 '님'은 날카로운 첫 키스의 추억만 남긴 채 떠났지만, 화자는 님과 다시 만날 것을 믿었어. 그 믿음이 이 시집의 마지막 시 〈사랑의 끝판〉에서 이루어졌지.

〈사랑의 끝판〉은 '네 네 가요 지금 곧 가요'라고 대답하며 시작해. 대답한다는 것은 누군가 불렀기 때문이겠지? 그렇다면 누가 부른 걸까? 바로 떠나갔던 님이 이제 화자를 부르고 있는 거야. 님의 부름으로 〈님의 침묵〉에서 화자가 겪었던 상실은 사라지고, 화자는 다시금 충만해지고 있어. 너무나 반가운 마음에 초를 거꾸로 꽂을 정도지. 왜, 반가운 이가 오면 신발도 신지 않은 채 버선발로 뛰어나간다는 표현도 있잖아.

그뿐만이 아니야. 이 시의 시간적 배경은 동이 트기 직전으로 가장 어두운 시간이야. 마치 일제가 강제로 빼앗은 우리 땅의 모습과도 같지. 그러나 아침은 어김없이 다시 밝아 와. 산등성이 너머로 새는 빛에 닭은 날개를 움직이고 말은 굽을 쳐. 희망적인 움직임이, 생명이 살아 움직이기 시작하는 거지. 마치 광복이 찾아오듯 말이야.

한용운은 이처럼 독립에 대한 희망을 버리지 않았어. 시의 제목은 〈사랑의 끝판〉이지만, 그 속에 담긴 의미는 진짜 사랑의 시작이었던 거지. 그래서 마지막의 '네 네 가요 이제 곧 가요'는 우리에게 더 큰 울림으로 다가와. 수많은 문인이, 심지어 독립운동에 참여하기도 했던 사람들마저 결국 일제에 무릎 꿇고 변절했지만, 한용운은 계속되는 감시와 탄압에도 끝까지 굴복하지 않았어. 그는 단 한 줄의 일제를 찬양하는 글도 쓰지 않았고 신사 참배와 창씨개명도 거부했어.

한평생 독립을 염원하던 한용운은 조선 땅덩이가 하나의 감옥이니 따뜻한 방 안에서 편히 살 수 없다며 냉골에서만 지냈어. 그러다 1944년 6월 29일, 광복을 눈앞에 두고 심우장에서 눈을 감았지. 1962년 그에게 건국훈장 대한민국장이 추서되었어.

한용운은 민족의 밤을 지키는 밝은 등불 같은 사람이었어. 한 치의 흔들림도 없었던 그의 삶을 보며 우리는 스스로 질문을 던져 볼 수 있어. 어둡고 괴로운 시절, 나는 과연 한용운처럼 의연하고 꿋꿋한 삶을 살아갈 수 있을까?

# 개자식은 욕이 아닐세

일제는 중국에 대한 침략 전쟁을 벌이면서 더 수월하게 전쟁 물자를 수송하기 위해 식민지인 조선을 아예 일본 땅으로 만들려고 했어. 이에 우리 민족의 역사와 문화를 뿌리부터 없애고자 민족 말살 정책을 펴기 시작했지. 그 정책의 하나로 우리 이름마저 일본식 이름으로 바꾸는 창씨개명을 시행했어. 한때는 독립운동에 앞장서기도 했던 최린과 이광수가 변절해 창씨개명을 하자, 소설 《임꺽정》의 작가로 유명한 벽초 홍명희가 한용운을 찾아와 화를 내며 말했어.

"이런 변이 어디 있는가! 최린, 이광수 등이 창씨개명을 했다 하오. 어찌 이런 개자식들이 있단 말인가! 이들이 이러하니 이 땅의 청년들이 악영향을 받을까 걱정되오."

그러자 한용운이 실소를 터뜨리며 말했어.

"벽초, 그들은 개자식들이 아니오. 그대가 실언했소."

"그게 대체 무슨 소리요?"

홍명희가 따지자 한용운은 천천히 말했어.

"개가 이 자리에 있었다면, 그리고 말을 할 줄 안다면 그대에게 화를 내었을 것이오. 나는 주인을 알고 그에게 충성할 줄 아는데 어찌 조국을 배신

하는 자에게 나를 비교하냐며 말이지. 그러니 개만도 못한 자들을 개자식이라 하면 도리어 개를 모욕하는 것이 아니겠소."

그러자 홍명희는 자신이 개에게 큰 실례를 범했다며 개에게 사과하는 말을 했다고 해.

# 투쟁과 낭만의 불꽃 같은 삶

육신은 앗아가도 혼은 못 뺏는다!

#윤봉길을 울린 시인

| 사교성 | |
|---|---|
| 천재성 | |
| 노력 | |
| 행복 | |
| 수명 | |

# 빼앗긴 들의
# 봄을 기다린 낭만가

# 이상화

↓

## 1901~1943

대구광역시 출생
시인, 교사, 문학 평론가
번역가, 권투 선수

**대표작**

〈나의 침실로〉〈이별을 하느니〉
〈금강송가〉〈빼앗긴 들에도 봄은 오는가〉〈역천〉

1920년대 일본의 문화 통치 기간에 창간된 〈개벽〉은 당시 가장 영향력 있는 종합 잡지였어. 우리 민족의 정신을 충실히 대변했고, 언제나 일제와 맞서 민족의 자존감을 꿋꿋이 지켜 냈지. 하지만 그만큼 많은 탄압을 받기도 했어.

〈개벽〉이 폐간되기 2달 전인 1926년 6월호에 이상화의 시 〈빼앗긴 들에도 봄은 오는가〉가 실렸어. 윤봉길 의사는 그동안 〈개벽〉을 한 권도 빼놓지 않고 읽어 왔는데, 이 시를 읽자마자 그만 울음을 터뜨리고 말았지. 한참 동안 그의 눈에서 굵은 눈물방울이 주룩주룩 흘러내렸어. 큰 감명을 받은 윤봉길은 조국을 위해 무언가를 해야겠다고 마음먹었고, '장부가 집을 나서면 살아서 돌아오지 않는다'라는 의미의 '장부출가생불환'이라는 글귀를 써서 결의를 다진 뒤 중국으로 망명했어.

도시락 폭탄으로 우리가 잘 알고 있는 윤봉길 의사를 움직이게 만든 시인이 바로 이상화야. 이상화의 형인 이상정은 윤봉길 의사에게 폭약을 구해 주기도 했어. 형제가 모두 윤봉길 의사에게 영향을 준 셈이야. 참고로 이상정은 우리나라 최초의 여성 비행사이자 독립군 대령 권기옥의 남편이야.

이쯤 되고 보면 〈빼앗긴 들에도 봄은 오는가〉가 어떤 시인지 궁금할 텐데, 이 시는 일제강점기 가장 빼어난 저항시 중 하나야. 우리 시 중 유일하게 남북한 국어 교과서 모두에 실렸을 정도지. 이 시는 조금 있다가 살펴볼게.

### 자유와 독립을 갈망한 귀공자

서론이 길었지? 이제 이상화 시인에 대해 좀 더 자세히 알아볼 거야. 이상화는 1901년 4월 5일 경상북도 대구군(지금의 대구광역시)에서 4형제 중 둘째로 태어났어. 이 4형제는 하나같이 뛰어난 면모를 지니고 있어서 훗날 '용봉인학'이라고 불리는데 용과 봉황, 기린과 학이라는 뜻이야. 첫째인 이상정은 항일 무장 투쟁을 한 독립운동가이자 독립군 중장이었고 셋째인 이상백 역시 독립운동가이면서 사회학자였어. 이상백은 한국 최초의 국제 올림픽 위원회 위원으로 선출되기도 했지. 막내인 이상오는 대한민국 육군 준장이면서 수렵가였어.

이상화의 집안은 대구에서 알아주는 명문가였어. 그의 할아버지는 개인 재산을 들여 우현서루라는 학교를 세운 뒤, 신분과 성별에 관계없이 학생들을 받아 신식 학문을 가르쳤지. 이상화도 여기서 공부했어. 우현서루는 나중에 교남학교(지금의 대구 대륜중·고등학교)로 이름이 바뀌는데, 이상화는 나중에 모교에서 교사로 일하기도 했어. 어쨌든 집안이 부유한 덕분에 큰 걱정 없는 어린 시절을 보낼 수 있었지. 그러다 7살이 되던 해에 그는 아버지를 여의고 큰아버지 밑에서 자라게 되었어.

1915년에는 경성에 가서 경성 중앙학교(지금의 서울 중앙중·고등학교)에 입학했어. 경성 중앙학교는 4년제였는데, 이상화는 3학년까지만 다니고 중퇴했어. 나라에 대한 걱정과 고민으로 방황하다가 공부를 점점 멀리하게 되었거든.

고향에 돌아온 이상화는 이 무렵 문학에 뜻을 가지면서 마음이 맞는 친구들과 어울렸어. 그중에는 소설 〈운수 좋은 날〉로 우리가 잘 아는 현진건도 있었지. 그들은 〈거화〉라는 습작 동인지(사상이나 취미가 같은 사람들이 모여 발행하는 잡지)를 함께 내기도 했는데, 안타깝게도 현재는 전해지지 않아. 이상화와 현진건은 마음이 잘 맞는지 이후에도 문학 활동을 함께했어.

그렇게 얼마간 문학청년으로 지내던 이상화는 그해 7월 무작정 집을 나와 강원도에 가서 3개월 동안 금강산과 그 일대를

왼쪽부터 이상화, 권기옥, 이상정
이들은 모두 독립에 대한 의지가 강했다.

돌아다니며 방랑했어. 그에게 방랑벽이 있었던 건 아니지만, 이런 모습을 보면 꽤 호방하고 자유로운 사람이었던 것 같아. 그는 이때의 경험을 바탕으로 〈금강송가〉라는 긴 산문시를 썼어. 금강산의 아름다움에 대한 칭송과 이 아름다운 산이 있는 우리 땅이 일제에 짓밟힌 상황에 대한 분노가 모두 담겨 있는 시야.

다들 잘 알다시피 1919년 3월 1일에 전국적인 만세 운동이 일어났어. 이 소식을 접한 이상화는 대구에서도 독립운동을 해야겠다고 마음먹었지. 그는 친구 백기만과 대구의 학생들과 함께 학생 운동을 주도했어. 다른 독립운동과 마찬가지로 이때도 학생뿐만 아니라 수많은 군중이 모여들었지. 이상화는 그들에게 독립선언문을 나눠주며 주도적으로 이 운동을 이끌었어.

그런데 일본 경찰이 가만있었겠어? 그들은 눈에 불을 켜고 주동자들을 몰래 찾아다니기 시작했어. 결국 백기만을 포함한 주요 인물들이 잡혀갔고, 이상화는 경성으로 피신해 한동안 숨어 지냈어.

## 시인의 마돈나는 과연 누구인가

1921년 일제의 감시가 조금 느슨해지자 이상화는 현진건의 소개로 홍사용, 나도향 등과 함께 문예 동인지 〈백조〉의 창간 멤버로 활동하기 시작했고, 1922년에 처음으로 문단에 등단했어. 이상화는 이들과 어울려 다니며 나라의 현실에 관해 이야기하고 문학과 예술을 논하기도 했지. 그는 용모가 깔끔한데다 재산도 넉넉했기 때문에 어디를 가든 환영받았고, 주변에서는 그를 대구 명문가의 귀공자라고 부르곤 했어.

이 시기에 이상화는 많은 시를 썼어. 낭만과 허무, 죽음과 비탄이 담긴 시가 대부분이었지만, 그의 시가 가진 특유의 분위기 때문에 문단의 주목을 받았지. 그중 잘 알려진 시로는 〈나의 침실로〉가 있어.

'마돈나' 짧은 심지를 더우잡고 눈물도 없이 하소연하는 내 맘의

촉(燭)불을 봐라.

양털 같은 바람결에도 질식이 되어 얕푸른 연기로 꺼지려는도다.


'마돈나' 오너라, 가자, 앞산 그리메가 도깨비처럼 발도 없이 이곳

가까이 오도다.

아, 행여나 누가 볼는지—가슴이 뛰누나, 나의 아씨여, 너를 부른다.


(중략)


'마돈나' 언젠들 안 갈 수 있으랴. 갈 테면 우리가 가자, 끌려가지

말고!

너는 내 말을 믿는 '마리아'—내 침실이 부활의 동굴임을 네야

알련만…….


'마돈나' 밤이 주는 꿈, 우리가 엮는 꿈, 사람이 안고 뒹구는 목숨의

꿈이 다르지 않으니.

아, 어린애 가슴처럼 세월 모르는 나의 침실로 가자, 아름답고 오랜

거기로.

– 이상화, 〈나의 침실로〉에서

이 시에 계속 등장하는 단어 '마돈나'는 이탈리아어로, 귀부인이나 애인을 높여 부르는 말이야. 가톨릭에서는 성모 마리아를 이렇게 부르기도 해. 그 때문에 이 시에 대한 해석도 굉장히 다양하지.

첫 번째 해석은 이상화가 한창 혈기 왕성했던 19살에 이 시를 썼다고 보는 의견이야. 그때 사랑했던 여인인 손필연이 바로 이 시의 마돈나라는 해석이지. 1919년에 이상화는 독립운동을 하다가 경성으로 피신했는데, 여기서 민족대표 33인 중 1명인 이갑성을 도와 독립운동을 하던 손필연을 만나게 되었어. 뜻도 통했고, 젊은 나이였던 만큼 둘은 금방 사랑에 빠졌지. 그러나 얼마 지나지 않아 이상화는 큰아버지의 강요에 따라 어쩔 수 없이 다른 사람과 결혼해야만 했어.

모던 보이(서구적인 가치관을 갖고 외국 문화를 적극적으로 받아들이는 남자)였던 이상화는 과거의 관습을 따라야 하는 상황이 마음에 들지 않았던 모양이야. 집안에서 정한 사람과 살기보다 자기가 정말로 사랑하는 사람을 만나고 싶었던 거지. 그래서 혼례를 치르자마자 그는 다시 경성의 친구 집에 가서 손필연과의 만남을 이어갔어. 배우자를 두고 다른 여자를 만났으니 옳은 행동은 아니지만, 억지로 한 결혼이었으니 마냥 그를 탓하기만도 어려울 것 같아.

어찌 되었든 그런 사랑은 어차피 이루어질 수 없다는 걸 우리는 이미 잘 알고 있지? 이상화도 현실의 벽을 넘어설 수는 없었어. 이 시의 부제가 '가장 아름답고 오랜 것은 오직 꿈속에만 있어라'인데, 손필연과의 사랑이 현실에서는 이루어질 수 없다는 뜻이라는 주장의 강력한 근거가 되는 부분이야.

두 번째 해석은 그의 연인이었던 유보화가 마돈나라는 의견이야. 1922년에 이상화는 파리 유학을 위해 일본 도쿄에 있는 외국어 전문학교 아테네 프랑세에서 2년간 프랑스어와 문학을 공부했어. 이때 유보화를 만나 사랑에 빠지게 되지. 유보화는 지적인 분위기와 청초한 외모로 당시 남자 유학생이라면 누구나 마음에 품던 여성이었어. 게다가 그녀는 신문물을 받아들인 모던 걸이었지. 일설에 따르면 유보화가 당시 낭만과 허무에 빠져 있던 이상화를 각성시켜 다시 민족과 나라를 위해 움직이도록 영향을 주었다고도 해.

그러나 안타깝게도 그녀는 건강이 좋지 않았어. 그녀를 만났던 어떤 사람이, "상화 씨의 애인은 참 미인인데, 폐가 나쁘다더군요. 내가 보기엔 얼마 살지 못할 것 같더라고요"라고 말했던 기록도 남아 있어. 이상화는 죽어가는 애인과 불꽃처럼 사랑했지. 그러다 1924년 유보화가 위독하다는 소식에 이상화가 그녀의 고향까지 한달음에 달려와 한 달 동안 곁에서 간호했지만, 그

너는 결국 피를 토하며 연인의 품에서 눈을 감고 말았어. '짧은 심지를 더우잡고 눈물도 없이 하소연하는 내 맘의 촛불을 봐라. / 양털 같은 바람결에도 질식이 되어 얄푸른 연기로 꺼지려는도다.'라는 구절처럼 말이야. 그래서 이 상황을 근거로 유보화가 바로 이 시의 마돈나라고 해석하기도 해.

세 번째 해석은 마돈나가 성모 마리아를 상징한다는 주장이야. '너는 내 말을 믿는 마리아—내 침실이 부활의 동굴임을 네야 알련만⋯⋯.'이라는 구절이 있지? 바로 이 침실이 부활과 안식, 평안의 공간이며 마리아라는 성스러운 존재를 통해 동굴의 균형이 완성된다고 보는 견해야. 그런데 고작 시어 하나만으로 이렇게 해석한다면 설득력이 떨어져. 이 해석을 뒷받침할 또 다른 근거는 뭘까?

이상화가 살던 대구의 집 근처에는 '성모당'이라는 곳이 있어. 프랑스 루르드 성모 동굴을 본떠 만든 곳으로, 동굴에 성모 마리아를 모셔 둔 곳이지. 실제로 가서 보면 압도될 만큼의 웅장함을 자랑해. 세 번째 해석을 주장하는 사람들은 바로 이 성모당이 근거라고 말해. 이상화가 이곳을 방문했다가 그 성스러움에 감명을 받아서 시를 썼다는 거지.

마지막 해석은 마돈나를 조국으로 보는 견해야. 한용운의 시도 언뜻 보면 사랑의 시 같지만, 광복에 대한 염원으로 해석할

대구 성모당
1917년 7월에 착공해 1918년 8월 15일 완공했으며,
전국적으로 유명한 천주교 성지이다.

수 있었던 걸 보면 충분히 가능한 견해야. 마돈나를 조국이나 광
복을 가져오는 사람으로 본다면 그런 그녀가 오길 바라는 공간,
즉 부활의 공간인 침실은 해방된 조국으로 볼 수 있겠지? 다만 '가
장 아름답고 오랜 것은 오직 꿈속에만 있어라'라는 이 시의 부제
는 어쩌면 조국의 부활이 어려울지도 모른다는 허무와 두려움
의 표현인 것 같기도 해. 꿈속에만 담아 둬야 하는 조국이 될지
도 모른다는 의미로도 볼 수 있을 것 같아.

이 네 가지 해석 말고 또 다른 해석이 있을 수도 있겠지? 중요한 건 이렇게 한 편의 시가 다양하게 해석될 수 있다는 점이야. 보통 한 가지로만 해석할 수 있는 시보다 폭넓은 감상이 가능한 시를 좋은 시라고 여기거든.

## 관동 대지진에서 살아남다

앞에서 잠깐 언급했듯 이상화는 1922년 도쿄에 유학하러 갔어. 하지만 오래지 않아 귀국해야 했는데, 바로 관동 대지진 때문이야. 관동 대지진은 1923년 9월 일본 간토 지방을 중심으로 일어난 지진인데, 사망자와 실종자가 총 40만 명에 달할 만큼 아주 큰 지진이었어. 대혼란 속에 치안도 무너져 사회 질서가 어지러운 와중에 '조선인이 불을 질렀다', '조선인이 우물에 독을 탔다'라는 식의 유언비어가 나돌았지. 이에 격분한 일본인들은 자경단을 만들어서 조선인을 무차별하게 때리고 학살했어. 결국 재일 조선인 중 일부는 한국으로 급히 피난 올 수밖에 없었지. 국가기록원이 보관하고 있는 '관동 대지진 피살자 명부'에 따르면 당시 한국인 희생자는 6,000여 명에 달한다고 해.

이상화는 교남학교에 교사로 근무할 때 학생들에게 그날의 참상에 대해 말해 준 적이 있어. 그가 수업하는 조선어 시간이었지. 경례를 마치자 반장이 반 친구들을 대표해 이상화에게 '이야기 숙제'를 해달라고 재촉했어. 이상화가 자신이 겪었던 일들을 얘기해 주기로 했었는데, 계속 미뤄 와서 학생들이 '숙제'라고 표현한 거야.

이상화는 책을 탁 덮더니 무겁게 입을 열었어. 3·1 운동 당시의 상황과 관동 대지진 때 겪었던 일들에 관한 이야기였지. 특히 관동 대지진 부분에서는 이상화의 목소리에서 뜨거운 울분과 분노가 느껴졌어.

"나는 곳곳에서 조선인을 무차별적으로 살해하던 일본인 사이를 걷다가 청년 자경단에게 붙잡혔다.

'조센징! 네놈들이 우리 대일본을 무너뜨리려 폭동을 준비하고 있다고! 버러지 같은 네놈들은 죽어 마땅하다!'

나는 구석진 형장으로 끌려갔다. 그러나 최대한 감정을 억누르며 태연한 목소리로 말했다.

'나는 그저 사람일 뿐이다. 죄 없는 사람이란 말이다. 당신들도 그저 사람일 뿐이다. 역시 죄 없는 사람들이다. 죄 없는 사람이 죄 없는 사람을 죽일 수는 없다.'

그러자 한 젊은 일본인 자경단원이 말했다.

'조센징. 말 잘하는구나. 그러나 옆구리에 바람구멍이 뚫려도 그딴 소리를 할 수 있을까?'

그는 죽창으로 나를 찌르려 했다. 나는 죽음을 예감하고 눈을 질끈 감았는데, 그 순간 그중 나이 든 일본인 하나가 그를 막았다.

'이 녀석의 말이 옳다. 그리고 이 녀석은 악인은 아닌 듯하다. 그러니 돌려보내자.'

덕분에 나는 풀려날 수 있었다. 이후에도 여러 번 죽을 고비를 넘겼는데, 한 일본인의 배려로 몸을 숨기고 지낼 수 있었다. 그때 나는 큰 충격을 받았다. 그리고 두려움에 떨면서도 분노를 느꼈다. 이곳을 벗어나 내가 할 수 있는 일을 해야겠다고 생각했다. 얼마 뒤 나는 변장을 하고서 그 일본인이 준 여비로 다시 귀국할 수 있었다. 일본인 중에도 나쁜 사람만 있는 것은 아니었던 거다."


### 윤봉길을 울린 시

1925년 이상화는 김기진, 심훈, 조명희, 이기영 등과 함께 조선 프롤레타리아 예술 동맹(KAPF)의 창립 회원으로 참여했어. 줄여서 '카프'라고 부르지. 카프는 사회주의 성향을 지닌 예술가들의 동맹이야. 여기 소속된 작가들은 문학 작품을 통해 노동자들을 일으켜 사회주의 혁명을 이루고자 했어. 그런 까닭에 그들이 쓴 문학 작품은 노동자 파업이나 농민들의 토지 분쟁이 주된 내용이지.

이상화는 1926년에 그 유명한 시 〈빼앗긴 들에도 봄은 오는가〉를 〈개벽〉에 발표했어. 이 작품으로 〈개벽〉은 6년 만에 폐간당하게 되었지. 그만큼 저항적 주제 의식이 강하게 드러나고 있어.

지금은 남의 땅 빼앗긴 들에도 봄은 오는가?

나는 온몸에 햇살을 받고
푸른 하늘 푸른 들이 맞붙은 곳으로
가르마 같은 논길을 따라 꿈속을 가듯 걸어만 간다.

입술을 다문 하늘아, 들아,
내 맘에는 내 혼자 온 것 같지를 않구나!
네가 끌었느냐, 누가 부르더냐. 답답워라, 말을 해 다오.

(중략)

내 손에 호미를 쥐어 다오.
살진 젖가슴 같은 부드러운 이 흙을
팔목이 시도록 밟아도 보고, 좋은 땀조차 흘리고 싶다.
강가에 나온 아이와 같이,

짬도 모르고 끝도 없이 닫는 내 혼아

무엇을 찾느냐, 어디로 가느냐, 우습다. 답을 하려무나.


나는 온몸에 풋내를 띠고,

푸른 웃음 푸른 설움이 어우러진 사이로

다리를 절며 하루를 걷는다. 아마도 봄 신령이 지폈나 보다.


그러나, 지금은 들을 빼앗겨 봄조차 빼앗기겠네.

– 이상화, 〈빼앗긴 들에도 봄은 오는가〉


이 시는 앞서 말했듯 윤봉길을 움직였을 만큼 당시의 암담한 현실을 여실히 표현했어. 황량함이 죽음과도 같은 겨울을 지나 푸르른 생명이 싹트기 시작하는 봄, 그리고 그 봄이 찾아온 아름다운 이 땅이 결국 남의 땅이라는 대비가 소름 돋을 정도로 멋지지. 생동하는 자연은 몽환적일 만큼 아름답지만, 이 아름다움을 온전히 누리지 못하는 우리의 상황을 보여줌으로써 애통한 감정을 강조하고 있어. 이 강렬한 대비는 많은 사람의 저항의식을 일깨웠어. 이후에도 이상화는 카프의 기관지 〈문예 운동〉의 주간으로 일하면서 일제에 대한 저항 활동과 문학 활동을 활발히 이어 갔어.

---

그는 대구 서문로에 있던 자기 집 사랑방의 이름을 '담교장'이라고 짓고 많은 독립운동가와 문인을 불러 담소를 나누는 장소로 삼았어. 그러다 보니 당연히 일본 경찰이 그를 주시했겠지? 감시를 피하기 어려워진 이상화는 교남학교에서 조선어와 영어, 작문을 가르치기 시작했어. 그러나 이내 그만두고 이듬해 친구들의 권유로 조선일보 경상북도 총국을 경영하게 되었지. 그런데 그는 경영에는 영 소질이 없었어. 결국 경영난에 허덕이다 실패하고 1년 만에 다시 교직으로 돌아왔어. 이 시기에 이상화는 작품 활동을 제대로 하지 못했는데, 감시가 심해서 저항시를 쓸 수 없었기도 했고 그렇다고 문제가 안될 만한 시만 씀으로써 뒤로 물러날 생각도 없었기 때문이야.

1937년 3월에는 만주에서 독립운동을 하고 있던 형 이상정을 만나서 난징, 베이징, 상하이 등지를 여행한 뒤 3개월 만에 귀국했어. 이상화를 계속 감시하고 있던 일제는 그를 잡아가서 조사했지만 특별한 혐의가 없자 11월 말에 풀어 주었지. 하지만 갇혀 있는 6개월 동안 심한 고문과 협박을 당하는 바람에 그는 앞으로 교직에만 전념하기로 마음먹었어. 그는 학생들에게 민족정신을 심어 주기도 하고 잘못을 보듬어 주기도 하는 훌륭한 교사가 되었지.

한번은 이상화가 교남학교에 권투부를 만들겠다고 말했어.

다른 교사들은 학생들이 거친 기질을 갖게 될까 봐 절대 안 된다고 말렸지만, 그는 뜻을 굽히지 않았어. 평소 수업할 때도, "살은 베어 갈 수 있을지 모르나 뼈까지 가져가지는 못한다", "사람의 육신은 앗아가도 혼은 못 뺏는다", "나라는 망해도 역사는 망하지 않는다"라고 말해 왔지. 이상화는 아마추어 권투 선수이기도 했어. 그는 "피압박 민족은 주먹이라도 굵어야 한다"라며 다른 교사들을 설득했어. 그렇게 권투부가 만들어졌고, 이후 여러 대회에서 상을 휩쓴 훌륭한 권투 선수들을 배출해 냈어. 그는 건강한 신체가 곧 독립 투쟁을 위한 기초라고 생각했던 거야. 교남 학교 권투부 학생들은 스스로 자부심을 느껴, 일부러 가방에 권투 글러브가 살짝 보이게 넣고 다녔다고 해.

### 아직 오지 않은 봄

이상화는 1940년 말에 교사직을 내려놓고 집에 틀어박혀 독서와 문학 연구에 몰두하면서 춘향전을 영어로 번역했어. 프랑스 시에 관한 연구도 번역하고 조선의 국문학 역사도 정리하려고 했는데, 이 두 작업은 안타깝게도 마무리하지는 못했어. 왜냐면 1943년 초에 위암 판정을 받았기 때문이야. 거기다 폐결핵과 장결핵 합병증까지 오면서 아주 힘든 시간을 보냈지.

결국 그는 1943년 4월 25일, 집에서 아내와 세 아들이 지켜

보는 가운데 43살의 나이로 숨을 거두었어. 우연인지 운명인지 그의 문학적 동반자이자 많은 활동을 함께 했던 소설가 현진건도 같은 날 경성에서 폐결핵과 장결핵 합병증으로 죽고 말았지.

허무와 좌절, 투쟁과 낭만의 불꽃 같은 삶을 살다 간 이상화는 많은 시를 썼지만 그가 살아 있는 동안에는 시집이 출간되지 않았어. 사망 후 8년이 지난 1951년, 친구 백기만이 쓴 책《상화와 고월》에 시 16편이 실렸고 한참 뒤인 1982년에 그의 모든 작품이 실린 《이상화 전집》이 발간되었지. 그리고 1977년에 대통령 표창이, 1990년에는 건국훈장 애족장(나라의 근본을 튼튼히 하는 데에 기여한 공적이 뚜렷한 사람에게 주는 훈장)이 그에게 추서되었어.

문득 그가 지금까지 살아 있다면, 친일파의 자손은 득세하고 독립운동가의 자손은 어렵게 살아가는 모습을 보고 무슨 말을 할지 궁금해져. 어쩌면 들은 되찾았지만, 아직 봄이 오지 않은 건 아닐까?

# 이상화 문학 기행

이상화의 흔적을 따라 대구로 떠나 볼까? 먼저 남산동에 있는 성모당에 가 보자. 이곳에 가면 왜 〈나의 침실로〉를 성모와 연관 지어 해석하기도 하는 지 이해가 갈 거야. 사진으로 보는 것보다 훨씬 웅장하고 멋있거든. 성모당 앞에서 다시 한번 시를 감상해 보는 것도 좋겠지?

다음으로 이상화 고택에 가보자. 이상화 고택도 대구에 있어. 성모당에 서 걸어서 15분 정도의 거리지. 이상화가 말년에 살았던 곳인데, 유족이 기 증한 유품과 자료가 그곳에 있으니 한번 살펴보면 좋을 거야. 그가 어떤 분 위기에서 살았고, 어떤 상황에서 시를 썼는지도 곰곰이 생각해 볼 수 있어.

바로 옆에는 근대 문화 체험관이 있어. 맞은편에는 국채 보상 운동을 전개했던 독립운동가 서상돈의 고택도 있으니 여기도 꼭 들러보자. 일제강 점기 당시의 분위기와 함께 우리 민족을 위해 싸웠던 이들의 정신을 느껴볼 수 있는 경험이 될 거야.

이상화 고택은 사실 사라질 뻔한 적이 있어. 1999년 도시 개발 사업을 진행하면서 이곳을 허물어 버리려 했거든. 그러나 깨어있는 시민들이 100 만 서명 운동과 모금 운동을 벌여 철거를 막아 냈어. 이후 아무렇게나 방치되 어 있던 이곳을 정비했고, 2008년에는 누구나 관람할 수 있도록 개방했지.

대구광역시 중구에 있는 이상화 고택의 전경

    참, 이 근처는 19세기 후반~20세기 초반 대구 시내의 모습을 다양한 테마로 꾸며 놓은 '근대 문화 골목'이야. 이 길을 따라 걸으며 그 시대 감성을 느껴 보는 것도 좋을 거야. 그리고 대구에는 맛집도 무척 많으니까 맛있는 것도 꼭 먹고!

# 소설도 쓰고
## 영화도 만들고

독립이 아니면
죽음을 달라

#다재다능한
예술가

| 사교성 | |
| --- | --- |
| 천재성 | |
| 노력 | |
| 행복 | |
| 수명 | |

# 3

# 그날을 기다린
# 상록수

# 심훈

↓

## 1901~1936

서울 동작구 흑석동 출생
시인, 소설가, 방송인, 영화인

**대표작**

〈그날이 오면〉〈오오, 조선의 남아여!〉

어느 날 심훈이 경성의 을지로를 친구와 함께 걸어가고 있었어. 그런데 일제의 지배에 늘 불만이 많던 그의 눈에 일본 경찰이 앞서 걸어가는 모습이 보이는 거야. 심훈은 빠른 걸음으로 다가가 경찰의 엉덩이를 몰래 툭툭 건드렸어. 경찰은 화를 내며 뒤돌아보았지만, 뿔테 안경을 쓴 점잖은 신사와 행인들만 있을 뿐이라 어리둥절해하다가 그냥 다시 갈 길을 갔지. 그런데 심훈은 대담하게도 거기서 멈추지 않고 다시 그를 따라가 두세 번 더 장난을 쳤어. 경찰이 뒤돌아볼 때마다 그는 친구와 중요한 이야기를 나누는 척하며 딴청을 부렸고, 그 경찰은 끝까지 그가 범인임을 알지 못했다고 해.

또 한번은 이런 일도 있었어. 술에 많이 취한 심훈이 종로 파출소 앞에 서 있는 일본 경찰의 모자를 냅다 뺏어서 도망간 거야. 당연히 쫓아왔겠지? 심훈은 이 골목에서 저 골목으로 한참을 도망 다니다 결국 붙잡혔고, 유치장에 하룻밤 갇히게 되었어. 나중에 친구들이 왜 그런 위험천만한 짓을 하느냐고 묻자, 그는 이렇게 말했어. "일본 사람을 내가 힘으로 어찌 이기겠나. 그러니 이렇게 골탕이라도 먹이면서 분통을 풀어야지."

## 친일파 집안의 독립운동가

심훈은 늘 까만 뿔테 안경을 끼고 다녔어. 눈이 나빠서 쓴 건 아니야. 만세 운동으로 옥살이를 하고 나서 1920년 중국으로 건너갈 때 일제의 감시를 피해 변장의 용도로 썼었는데, 이게 습관이 되어서 계속 쓰고 다닌 거야. 이 안경을 활용해서 장난을 치기도 했던 익살맞은 그의 성격은 당시 〈중앙〉이라는 잡지에 연재되었던 한 칼럼에서도 잘 드러나고 있어.

> 심훈 씨는 내가 존경하는 분의 한 사람인데 시치미를 뚝 떼고 사람을 웃기는 익살도 좋고, 풍채가 100% 호남이어서 어딜 내놓아도 번듯하다. 좀 '대포'를 발사하는 흠은 있지만, 고집이 세어서 남의 말이라곤 안 듣는 이다. 하고 싶은 말을 참지를 못하고 턱턱 내뱉기 때문에, 이분 역시 남의 수하에서 일할 사람은 못 된다. 하여튼 애늙은이 같은 사람이 많은 문단에서 이처럼 늘상

젊은이마냥 발랄한 기상을 가진 것은, 배울 만한 점인 것으로 생각한다.

늘 장난기가 많았지만 때로 점잖은 신사의 모습도 보여 주었던, 누구보다 뜨겁게 나라를 사랑했던 사람인 심훈은 1901년 9월 경기도 과천군(지금의 서울 동작구 흑석동)에서 3남 1녀 중 막내로 태어났어. 본명은 심대섭으로, 심훈은 그가 소설을 연재할 때 쓴 필명이었지. 그는 유복한 집안에서 자랐고, 어린 시절부터 총명해 부모를 비롯한 주변의 기대가 매우 컸다고 해.

1915년에는 당시 전국의 수재들만 모였다는 경성 고등 보통학교에 입학했는데, 그의 동기생으로는 심훈의 시 〈박군의 얼굴〉의 실제 모델인 사회주의 운동가 박헌영과 〈고드름〉, 〈반달〉 등 유명 동요를 만든 아동문학가 윤극영이 있었어. 선배로는 이후 청산리 대첩에서 제2대대 지휘관으로 활약하는 이범석이 재학 중이었고, 1년 후배로는 영화가 만들어지면서 우리에게 잘 알려진 무정부주의 독립운동가 박열이 있었지. 심훈은 이들과 어울리면서 일제의 억압에 대해 분노하고 조국의 앞날을 걱정했어. 그들의 고민은 이후 3·1 운동으로 이어졌지.

그런 심훈과 달리 그의 집안에는 유독 친일파가 많았어. 그의 두 형인 심우섭과 심명섭은 친일 인명사전에도 등재되어 있고, 심훈의 처남 이해승은 일본으로부터 후작 작위까지 받은 친일파였어.

## 심훈은 참지 않지

"조센징, 이런 것도 모른단 말이야? 너희는 역시 미개한 놈들이다!"

"너희 조센징은 근본부터가 야만스럽다. 평생 일본인의 발등이나 핥으며 사는 개나 마찬가지다."

심훈이 경성 고등 보통학교에 재학 중일 때 일본인 수학 교사는 학생이 질문에 대답을 못 하면 심한 욕설을 퍼붓곤 했어. 그는 일본인은 우월하며 조선인은 그런 일본인을 섬겨야 한다고 주장하는 사람이었지. 심훈은 그때마다 그에게 대들었어.

"조선인이 뭐가 문제란 말입니까? 우리에겐 오랜 역사가 있고, 찬란한 문화를 꽃피워 왔습니다!"

심훈이 계속 반항하자 학교에서는 그의 사상을 의심하며 제재를 가하기 시작했어. 그렇지만 심훈은 굴하지 않고 자기 생각을 거침없이 말했지. 그는 학교에 대한 항의의 표시로 수학 시험에서 고의로 백지 답안지를 냈고, 이 일로 수학 과목에서 낙제해서 유급 처분을 받았어. 3학년에 재학 중이던 때의 일이었지.

심훈은 1919년 3·1 운동 기간에 서울에서 전개된, 당시 최대

규모의 독립운동이었던 남대문역(지금의 서울역) 만세 운동에 동참했어. 이 운동은 원래 서울의 학생들을 중심으로 계획되었는데, 고종의 장례식이 끝나고 귀향하려던 지방의 유생들까지 참여하게 되면서 그 규모는 더욱 커졌어. 이 운동은 이후 상인들의 휴업, 운수업계의 파업 등 사회 각층의 독립운동에 큰 영향을 미쳤어.

"극영아! 며칠 안 가서 우리 앞에 커다란 일이 터져 나올 거야. 너는 아직 모르겠지만!" 만세 시위 운동이 일어나기 며칠 전, 심훈이 윤극영에게 한 말이었어. 그는 진두지휘단의 학생 간부로서 앞장서서 만세 운동을 이끌었어. 일본 경찰이 저지선을 만들고 주도했던 학생들이 체포되었지만, 시위대는 아랑곳없이 계속 전진했어. 남대문에서 보신각까지 만세 행렬이 이어졌고, 이 장면을 보는 심훈의 가슴도 벅차올랐지.

이 일로 심훈은 체포되어 경성 감옥(지금의 서대문형무소)에 투옥되었고, 보안법 위반 및 출판법 위반 혐의로 징역 6개월, 집행유예 3년의 형을 받았어. 당시 판사가 또 독립운동에 가담할 것인지 묻자, 그는 손으로 목을 자르는 시늉을 하며 "일본이 내 목을 이렇게 자르더라도 내 숨이 끊어지기 전까지는 독립운동을 하겠다!"라고 말했대. 기개가 대단하지?

그는 판결이 내려지기 전까지 옥에 갇혀 지내면서 '감옥에서 어머님께 올린 글월'이란 제목의 편지를 썼어. 이 편지에는 옥살이의 끔찍한 실상이 잘 드러나 있지. 찌는 듯한 더위에 똥통이 끓는가 하면, 함께 잡혀 온 사람이 피를 토하고 죽어 가는 장면이 그대로 담겨 있어. 순사에게 붙들려 가면서도 마치 개선문을 지나는 기분이라고 말하는 대목에서는 그의 낙천적이고 유머러스한 성격이 드러나기도 해. 어머님보다 더 큰 어머님, 즉 조국을 위해 한 몸 바치겠다고 결심하는 그의 굳은 의지도 엿볼 수 있지.

다행히 함께 갇힌 사람들은 어린 소년이 장한 일을 했다며 그를 귀여워해 주기도 했어. 그 덕분인지 심훈은 버티고 또 버틸 수 있었지. 상처를 치료하지 못해 살이 썩어 가는 사람과 고문을 견디지 못하고 변절하는 사람, 또 죽어 가는 사람들 틈에서 그는 많은 생각을 했을 거야. 심훈은 찬바람이 불기 시작하던 그해 11월에 출소했지만, 학교에서는 퇴학당하고 말았어. 이듬해인 1920년 그는 일제의 감시를 피해 변장하고 중국으로 향했지.

나에게 무엇을 비는가?
푸른 옷 입은 인방의 걸인이여
숨도 크게 못 쉬고 쫓겨 오는 내 행색을 보라
선불 맞은 어린 짐승이 광야를 헤매는 꼴 같지 않으니.
정양문 문루 위에 아침 햇살을 받아

심훈

펄펄 날리는 오색기를 쳐다보라.

네 몸은 비록 헐벗고 굶주렸어도

저 깃발 그늘에서 자라나지 않았는가?

– 심훈, 〈북경의 걸인〉에서


〈북경의 걸인〉은 심훈의 첫 시야. 이 시는 '걸인'과 '나'의 대비를 통해 나라 잃은 참담한 심정을 효과적으로 드러내고 있어. '걸인'은 비록 가진 것은 없으나 자유를 누릴 수 있는 조국이 있지. 그러나 '나'는 가진 것 없는 걸인이 구걸하는 대상이지만 조국이 없는 사람이야. 변장하고 도망쳐야 했던, 그래서 숨도 크게 못 쉬는, 오히려 걸인의 자유를 부러워해야 하는 아이러니한 상황에서 그는 울분을 삼키며 이 시를 썼을 거야.


### 팔방미인형 예술가

심훈은 소설 《상록수》, 시 〈그날이 오면〉 등의 유명한 작품을 쓴 문학인으로 알려졌지만, 동시에 뛰어난 영화인이기도 했어. 중국에 간 심훈은 즈장 대학의 극문학부에 입학하면서 연극과 영화에도 큰 관심을 보였지. 극문학은 다른 문학 갈래에 비해 사람들이 더 쉽고 재미있게 즐길 수 있으니, 독립에 대한 염원을 연극이나 영화를 통해 효과적으로 전달하려는 마음이 있었을 거야.

또한 중국에서 단재 신채호, 우당 이회영 같은 독립운동가들과 교류하면서 그들에게 많은 영향을 받았어. 당시 신채호와 이회영은 '절대 독립론'을 주장하며 일제와의 타협을 거부했어. 나아가 싸워서 독립을 쟁취해야 한다는 '무장 투쟁론'을 주장했지. 심훈도 이들과 비슷한 생각을 갖고 있었어. 그래서 독립운동가들과 자주 만나면서 독립에 대한 의지를 더욱 굳건히 다졌지.

그러나 그의 중국 생활은 그리 길지 못했어. 감옥에서의 고초로 생긴 후유증 때문에 결국 학업을 마무리하지 못하고 중퇴하고 말았거든. 조선으로 돌아온 심훈은 동아일보에서 기자로 일하면서 신극(우리나라의 근대 연극) 연구 단체인 극문회를 만들었어. 1926년에는 이수일과 심순애로 유명한 영화 〈장한몽〉에서 이수일 역을 맡기도 하고, 같은 해에 우리나라 최초의 영화 소설인 《탈춤》을 동아일보에 연재하기도 했어. 이때 처음으로 심훈이라는 필명을 쓰기 시작했지. 이듬해에는 일본에서 영화를 공부하고 와서 무성 영화 〈먼동이 틀 때〉를 만들었어. 이 영화는 우리나라에서 가장 오래된 극장인 단성사에서 개봉했는데, 큰 흥행을 거두었다고 해. 다만 안타깝게도 이 영화의 필름은 현재 남아 있지 않아.

당시 일제는 신문 기사를 검열해서 일본에 불리한 내용은

다 삭제해 버렸어. 이에 심훈은 뜻을 같이하는 기자들과 함께 '철필구락부'라는 언론인 단체를 만들어 언론 탄압에 항거했지. 이로 인해 동아일보에서 퇴사한 그는 이후 조선일보 기자를 거쳐 1931년에는 경성 방송국 아나운서 시험에 합격했는데, 여기서도 사건이 터졌어. 방송 중에 '황태자 폐하'라고 말해야 하는데, '일본인이 무슨 황제고 황태자냐?'라고 생각하던 심훈이 이를 제대로 말하지 않고 대충 뭉개서 발음한 거야. 일제는 심훈이 일본에 반감을 품었다고 의심했고, 결국 그는 입사한 지 3개월 만에 또다시 해고되고 말았어.

이후에도 심훈은 창작 활동을 계속했지만, 일제의 검열로 작품을 완성하지 못하거나 출간을 금지당했어. 심훈의 대표작인 소설 《상록수》 역시 영화로 만들려 했으나 일제의 방해로 무산되고 말았지.


### 저항시의 본보기, 〈그날이 오면〉

1927년 심훈은 조선일보에 〈박군의 얼굴〉이라는 시를 실었어.

이게 자네의 얼굴인가?
여보게 박군 이게 정말 자네의 얼굴인가?

〈알콜〉 병에 담아 놓은 죽은 사람의 얼굴처럼

마르다 못해 해면 같이 부풀어 오른 두 뺨

두개골이 드러나도록 바싹 말라버린 머리털

아아 이것이 과연 자네의 얼굴이던가?

(중략)

4년 동안이나 같은 책상에서

〈벤또〉 반찬을 다투던 한사람의 박(朴)은

교수대에서 목숨을 생으로 말리고 있고

(중략)

어느 지하실에서 함께 주먹을 부르쥐던 이 박군은

눈을 뜬 채 등골을 뽑히고 나서

산송장이 되어 옥문을 나섰구나. - 심훈, 〈박군의 얼굴〉에서

이 시에서 박군은 바로 독립운동가 박헌영이야. 박헌영은 독립 활동이 적발되어 감옥에 갇혔다가 병이 나서 풀려났어. 수많은 독립운동가가 감옥에서 죽어 나갔는데, 박헌영은 다행히 목숨은 건질 수 있었지. 하지만 완전히 폐인이 되고 말았어. 출옥한 친구를 마주한 심훈은 참담한 심정이었을 거야. 원래의 강인하고 총기 어린 모습은 간데없고 수척한 몰골이 되었으니 말이야. 심훈은 망설이지 않고 펜을 들었어. 그리고 이 시를 통해

일제의 잔혹한 행위를 세상에 알렸지.

3·1 운동이 일어나고 10여 년이 지난 1930년 3월 1일 심훈은 그의 대표작인 〈그날이 오면〉을 썼어. 매년 3월 1일이 의미 있지만, 1930년의 3월 1일은 유독 특별했어. 바로 전해인 1929년 11월에 광주 학생 항일 운동이 일어났거든. 통학 열차 안에서 일본인 학생이 조선인 여학생을 희롱한 것을 계기로 일본인 학생과 조선인 학생 사이에 싸움이 붙었는데, 일본 경찰이 조선인 학생만 일방적으로 구타한 것이 발단되어 일어난 독립운동이야. 광주에서 시작된 이 운동은 초반에는 목포와 나주로 번졌다가 나중에 서울까지 이어졌고, 결국 전국의 학생이 들고일어났어. 일제강점기 동안 전국적인 규모로 일어난 마지막 독립운동이었지. 그 뜨거운 여운이 아직 남아 있던 시기에 심훈은 또다시 펜을 들었던 거야.

그날이 오면, 그날이 오면은
삼각산이 일어나 더덩실 춤이라도 추고,
한강 물이 뒤집혀 용솟음칠 그날이,
이 목숨이 끊기기 전에 와 주기만 할 양이면,
나는 밤하늘에 날으는 까마귀와 같이
종로의 인경을 머리로 들이받아 울리오리다.

두개골은 깨어져 산산조각이 나도

기뻐서 죽사오매 오히려 무슨 한이 남으오리까.


그날이 와서 오오 그날이 와서

육조 앞 넓은 길을 울며 뛰며 뒹굴어도

그래도 넘치는 기쁨에 가슴이 미어질 듯하거든

드는 칼로 이 몸의 가죽이라도 벗겨서

커다란 북을 만들어 들쳐 메고는

여러분의 행렬에 앞장을 서오리다.

우렁찬 그 소리를 한 번이라도 듣기만 하면

그 자리에 거꾸러져도 눈을 감겠소이다.

— 심훈, 〈그날이 오면〉


영국 옥스퍼드 대학에서 시학을 가르쳤던 바우라(C. M. Bowra) 교수는 그의 저서 《시와 정치》에서 이 시를 두고 세계 저항시의 본보기라며 극찬했어. 1930년은 해방과는 아직 거리가 먼 시기였지만, 그는 독립이 된다는 가정 아래 그 기쁨을 노래함으로써 일제에 대한 저항 정신을 드러냈지. 특히 독립의 기쁨에 취해 이 한 몸 망가지더라도 희생하겠다는 표현에서 그가 얼마나 독립을 염원하고 있는지 알 수 있어. 어쩌면 심훈은 가능한

심훈 기념관 내에 있는 필경사 건물
심훈 기념관에는 심훈이 손으로 직접 쓴 원고 사본과 유품 등이 전시되어 있다.

한 많은 사람이 이 시를 읽고 가슴이 끓어올라 다시 한번 들고일
어나기를 바랐을지도 몰라. 그러나 이 시 역시 일제의 검열로 발
표되지는 못했어.

　영화와 문학 그리고 평론 등 여러 방면에서 열심히 활동한
심훈은 1932년 9월, 그동안 썼던 시들을 모아 시집《그날이 오
면》을 내려고 했어. 그러나 일제를 과격하게 비판하는 작품이
많았던 만큼 일제의 검열로 원고의 절반 이상에 삭제 낙인이 찍
혀 출간되지 못했어.

## 신문지 뒷면에 쓴 생애 마지막 작품

심훈은 부모님이 계신 충청남도 당진에 내려가서 작품 활동에 전념했어. 그는 이곳에 직접 설계한 집을 짓고 '필경사'라는 이름을 붙였지. 필경사를 있는 그대로 풀면 '붓으로 밭을 가는 집'인데, 이는 '농부가 밭을 가는 마음으로 붓을 잡고 조선인의 마음을 위로하는 글을 쓰겠다'라는 의미가 담겼다고 볼 수 있어.

1935년 심훈이 필경사에 머물면서 쓴 소설 《상록수》가 동아일보 창간 15주년 기념 공모전에 당선되었어. 이 작품은 브나로드 운동에서 드러난 당대 지식인의 문제점을 지적하고 있어. 남들보다 조금 더 배웠다고 실천은 없이 책상 앞에만 앉아 있는 것은 민중의 삶에 아무 도움이 안 된다고 비판하지. 또한 민족의 나아갈 길에 대해 생각해 보게 함으로써 그의 독립 정신을 여실히 보여 주었어. 브나로드 운동은 소설 《상록수》의 영향으로 이후 '상록수 운동'이라고 불리기도 했어.

1936년에는 우리 민족 모두가 감동의 눈물을 흘린 사건이

 지식 더하기

브나로드 운동

'민중 속으로 가자'라는 뜻으로 원래 러시아 계몽 운동의 구호였다. 동아일보사가 일제의 식민 통치에 저항하기 위해 일으킨 농촌 계몽 운동의 하나로, 문맹 퇴치와 민족의식을 깨우치는 활동이 중심이었다.

심훈

일어났어. 바로 양정 고등 보통학교에 재학 중이던 손기정, 남승룡 선수가 베를린 올림픽에서 각각 마라톤 금메달, 동메달을 딴 일이야. 심훈은 길을 가다 이 소식을 신문으로 접하고 그 자리에서 신문지 뒷면에 시를 썼어.

오늘 밤 그대들은 꿈속에서 조국의 전승을 전하고자
마라톤 험한 길을 달리다가 절명한 아테네의 병사를 만나 보리라.
그보다도 더 용감했던 선조들의 정령이 가호했음에
두 용사 서로 껴안고 느껴 느껴 울었으리라.

오오, 나는 외치고 싶다! 마이크를 쥐고
전 세계의 인류를 향해서 외치고 싶다!
"인제도 인제도 너희들은 우리를 약한 족속이라고 부를 터이냐!"
– 심훈, 〈오오, 조선의 남아여!〉에서

이 시는 심훈의 생전 마지막 작품이야. 시적인 기교는 없지만, 감격의 순간에 느낀 감정이 있는 그대로 드러나는 점이 특징이지. 심훈은 손기정, 남승룡 선수가 길고 긴 마라톤 코스를 달린 것을 아테네 병사의 용기에 견주어 말하고 있어. 또한 우리가 얼마나 강인한 민족인지 일본이 들으라고 외치지. 식민지민으로 살아가는 슬픔을 위로하고 희망을 심어 주고 싶었던 거야.

이후 심훈은 《상록수》 출간을 위해 동분서주하다 1936년 9월 급성 장티푸스로 그만 세상을 떠나고 말았어. 36살이라는 젊은 나이로 말이야. 일제에 굽힌 적 없었던, 누구보다 뜨거운 가슴으로 살았던 그의 갑작스러운 죽음은 참으로 안타까운 일이었지. 금메달을 받은 손기정 선수의 사진에서 뒤에 걸려 있던 일장기를 지우고 신문에 실었던 조선중앙일보 사장 여운형은 심훈의 장례식에서 〈오오, 조선의 남아여!〉를 낭독하며 통곡했다고 해. 해방되고 난 1949년에 드디어 그의 시집 《그날이 오면》이 출간되어 세상의 빛을 보았고, 2000년 그에게 건국훈장 애국장이 추서되었어.

# 시인과 야구

심훈은 일제강점기 작가 중 유일하게 야구를 소재로 시를 썼어. 원래 야구
를 좋아했던 그는 이 시에서 야구에 민족정신과 페어플레이 정신 그리고 저
항 의식까지 담았지. 심훈 사후 80주기인 2016년 9월에는 충남을 연고지
로 두고 있는 한화 이글스의 홈경기에 심훈의 종손인 심천보 씨가 시구자로
나서기도 했어. 심훈의 뜨거운 가슴이 살아 숨 쉬는 듯한 시 〈야구〉를 한번
읽어 보자.


식지 않은 피를 보려거던 야구장으로 오라!

마음껏 소리질러보고 싶은 자여, 달려오라!


유월의 태양이 끓어내리는 그라운드에

상록수와 같이 버티고 선 점·점·점......


꿈틀거리는 그네들의 혈관 속에는

붉은 피가 쭈ㄱ 쭈ㄱ 뻗어 흐른다.

피처의 꽂아넣는 스트라익은 수척의 폭탄.

HOME-RUN BAT! HOME-RUN BAT

배트로 갈겨내친 히트는 수뢰의 탄환,

시푸른 하늘 바다로 번개 같이 날은다.


VICTORY! VICTORY VICTORY, VICTORY!

고함소리에 무너지는 군중의 성벽,

찔려 죽어도 최후의 일각까지 싸우는

이 나라 젊은이의 의기를 보라!

지고도 웃으며 적의 손을 잡는

이 땅에 자라난 남아의 도량을 보라!


식지 않은 피를 보려거던 야구장으로,

마음껏 소리질러보고 싶은 자여, 달려오라!

# 음악성은 단연 으뜸

독을 차고
선선히 가리라

#노래를 닮은 시

| | | | | | |
|---|---|---|---|---|---|
| 사교성 | | | | | |
| 천재성 | | | | | |
| 노력 | | | | | |
| 행복 | | | | | |
| 수명 | | | | | |

# 독을 차고
# 모란을 기다린 시인

# 김영랑

## 1903~1950

전라남도 강진군 출생
시인, 정치인

**대표작**

〈끝없는 강물이 흐르네〉〈돌담에 속삭이는 햇발〉
〈내 마음을 아실 이〉〈모란이 피기까지는〉〈독을 차고〉

일제는 조선인의 정신까지 지배하려는 목적으로 신사 참배와 창씨개명을 강요했어. 하지만 김영랑은 순순히 그들의 뜻을 따르지 않았지. 이에 일본 경찰이 그의 집을 여러 번 찾아갔어. 한동안 쏙쏙 잘 피해 다니다가 결국 마주치고 말았을 때 그는 허리에 손을 올리고 당당하게 말했어.

"내가 설사병이 나서 하루에도 몇 번이나 설사를 하오. 그란디 신사 참배를 갔다가 거그서 설사를 하면 으짤 것이오? 신성한 신사를 모독했다고 나를 또 잡아넣을 것 아니오?"

그는 창씨개명에 대해서는 이렇게 말했어.

"내 이름은 김윤식이오. 일본 말로 소리내어 읽으면 '깅인쇼큐'가 되지 않겠소? 그러니까 나는 '깅씨'로 창씨했으니 더 찾아오지 마시오."

창씨개명은 성까지 일본식으로 바꿔야 하는데, 김영랑은 우리말 이름을 그대로 가져다 일본식으로 읽으면서 창씨개명했다고 우겼어.

당시 창씨개명을 안 한 사람은 일본인의 멸시를 받았고 사회적으로도 많은 불이익이 따랐어. 김영랑의 자식들은 학교에서 친구들의 놀림을 받는가 하면 교사한테 협박받기도 했지. 하지만 김영랑은 꿋꿋이 가족들도 창씨개명을 안 하도록 했고, 일제가 우리 민족의 정신까지 빼앗을 수는 없다고 믿었어. 그뿐만 아니라 그는 광복이 찾아올 때까지 오직 한복만 입을 것을 고집했지.

### 입 속의 구슬 같은 그 이름, 영랑

'김영랑'이라는 이름을 들으면 그가 어떤 사람일 것 같아? 우리가 교과서에서 만난 그의 시들을 떠올려 보면, 부드럽고 마음이 여린 사람이었을 것 같지 않아? 그의 시들이 아름다운 음악성을 바탕으로 그 안에 서정적인 정서를 잘 담아내고 있으니까 말이야. 그러나 김영랑은 앞의 일화처럼 유머와 여유가 있으면서도 뚝심 있는 사람이었어.

김영랑의 본명은 김윤식이야. 우리가 잘 알고 있는 '영랑'은 그의 호이지. 그는 금강산을 여행하다 영랑봉과 영랑호를 보았는데, 그 모습이 무척 아름답고 마음에 들어서 정지용 시인의 추천에 따라 그 자리에서 호를 '영랑'으로 지었다고 해.

　김영랑은 1903년 전라남도 강진에서 5남매 중 장남으로 태어났어. 집안이 대대로 강진의 지주였던 만큼 유복한 어린 시절을 보냈지. 그는 어린 시절부터 총명했고 성격이 차분했어. 1911년에 강진 공립 보통학교(지금의 강진 중앙초등학교)에 입학했는데, 성적표가 나오는 날이면 친구들이 "채준아(김영랑의 아명), 너는 어찌 그리 공부를 이것저것 잘 헌다냐?"하고 물을 정도였거든. 그러면서도 어린아이는 어린아이인지라 학교가 끝나면 친구들과 뒷산으로 달려가 뒹굴기도 하고 바위에서 미끄럼을 타기도 하면서 건강하게 자라났어.

　그는 1915년에 보통학교를 졸업했어. 당시 조혼 풍습에 따라 그의 아버지는 그가 졸업하자마자 빨리 결혼하기를 바랐지. 아마도 대대로 이어온 고향 집을 장남이 떠나지 않았으면 하는 마음도 있었을 거야. 그러나 공부를 더 해서 넓은 세상으로 나가고 싶었던 13살의 그는 아버지와 갈등을 겪다가 어머니한테 몰래 부탁했어.

　"아부지 몰래 엄니가 도와주셔야 쓰겄소. 나 공부를 더 하고 싶구만이라우."

　어머니는 머슴을 시켜 벼 50가마를 팔아오게 했고, 김영랑은 그 돈으로 집을 떠나 무작정 경성으로 향했어.

1916년 그는 경성의 기독교청년회(YMCA) 회관에 들어가 중학교 과정과 영어를 공부하게 되었어. 하지만 머지않아 9월 중순에 다시 강진으로 내려와야 했는데, 아버지가 결혼 날짜를 잡았다며 어머니가 경성까지 찾아왔기 때문이야. 사실 어머니는 그를 몰래 경성에 보내 놓고 아버지와 계속 갈등을 겪어 왔어. 그러다가 결혼을 하면 학업을 이어 나가도 좋다는 약속을 받고 아들에게 소식을 전하러 온 거였지. 그렇게 김영랑은 2살 연상의 김은하와 결혼하고 1달 정도 고향에서 신혼 생활을 하다가 다시 경성에 와서 학업을 이어 갔어. 그의 아내는 하루가 멀다 하고 고향 집 이야기와 그를 향한 마음을 담아 편지를 보냈지.

1917년에 김영랑은 휘문의숙(지금의 서울 휘문고등학교)에 진학했어. 그는 이곳에서 홍사용, 정지용, 이태준 등과 교류하며 문학에 관심을 가지게 되었지. 그러던 어느 날 그에게 비보가 날아왔어. "네 아내가 병으로 세상을 떠났으니 빨리 오라." 그는 큰 충격을 받고 그 길로 강진에 다시 내려갔어. 비록 함께 한 날은 길지 않지만, 수줍음이 많으면서도 다정다감했던 아내의 얼굴이 자꾸만 눈앞에 아른거렸지. 따스한 봄볕이 내리쬐던 날, 그는 17살의 어린 아내를 가슴에 묻었어.

김영랑

쓸쓸한 뫼 앞에 후젓이 앉으면

마음은 가라앉은 양금줄 같이

무덤의 잔디에 얼굴을 부비면

넋이는 향 맑은 구슬손 같이

산골로 가노라 산골로 가노라

무덤이 그리워 산골로 가노라

– 김영랑, 〈쓸쓸한 뫼 앞에〉

정지용은 '영랑과 그의 시'라는 글에서, 이 시가 사별한 아내를 두고 쓴 것이라고 했어. 무덤 잔디에 얼굴을 부비고, 무덤을 그리워하는 화자의 모습에서 아내를 향한 그리움이 얼마나 애절한지 느껴지지?

## 운명적 동료들

바야흐로 3·1 운동의 기운이 감돌던 시기, 휘문의숙에 재학 중이던 김영랑의 하숙집에 고향 친구들이 찾아왔어. 독립선언서와 관련된 문서들을 어떻게 고향인 강진까지 가져갈 것인지 의논하기 위해서였지. 김영랑과 친구들은 경성의 3·1 운동에 맞춰 고향인 강진에서도 독립운동을 해야 한다고 생각했어. 그래서 이 일을 성사하기 위해 함께 머리를 맞대고 궁리했지. 한참을 의

논한 끝에 독립선언서는 김영랑의 구두창에, 다른 문서들은 고향 친구들의 속옷에 넣어서 가기로 했어.

고향으로 향하는 기차 안에서 일본 경찰의 검문이 있었지만, 다행히 발각되지 않았어. 김영랑은 강진 지역의 독립운동 주동자이자 친척 형인 김안식과 여러 사람을 만나며 발 빠르게 움직였어. 경성의 상황을 전하면서 사람들을 어떻게 모을지, 언제 독립운동을 시작할지 등을 의논했지.

그러나 안타깝게도 김영랑이 모의한 거사는 끝내 이루어지지 못했어. 원래 오일장이 서는 날인 25일에 만세 운동을 하려고 했는데 태극기를 다 만들지 못했던 거야. 그래서 30일로 미루었는데, 바로 다음 날인 26일에 어디서 정보를 입수했는지 일본 경찰들이 들이닥쳤어. 그때 학생이었던 김영랑을 비롯해 많은 사람이 체포되고 말았지. 김영랑은 1년 형을 선고받고 그해 4월 대구 형무소에 수감되었어.

김영랑은 형무소의 끔찍함에 대해 말하길, '길고도 무서운 밤'이었다고 했어. 자신이 당한 고문의 고통도 끔찍했지만, 감방 벽을 타고 들려오는 동료들의 비명은 더욱 무시무시했지. 그때 붙잡히지 않았던 사람들은 4월 4일에 제작이 끝난 태극기를 들고 끝끝내 만세 운동을 일으켰어. 끝까지 포기하지 않았던 그들의 노력으로 강진에서도 태극기 물결이 넘실거릴 수 있었지.

김영랑은 그해 9월 다시 고향에 돌아왔어. 항소 끝에 '비밀리에 만세 운동을 계획하는 등 불온한 언동을 한 것은 사실이나, 실제로 만세 시위를 일으키지는 않았다'라는 이유로 무죄를 선고받았거든. 그의 아버지는 아들을 대견하게 여겼어. 손수 보약을 지어 먹이며, 그간의 고생으로 잃은 기력을 되찾을 수 있게 돌봐 주었지. 그리고 아들의 큰 뜻을 이제야 알아보고, 그동안 반대해 온 학업을 이어 나가도록 돕겠다고 약속했어. 김영랑은 뜻이 맞는 사람들과 함께 상해로 건너가 독립운동을 하겠다고 아버지에게 말했지만, 아들이 죽도록 고생하는 모습을 지켜본 아버지로서 그것만은 허락할 수 없었어. 결국 김영랑은 한걸음 물러나, 상해 대신 다양한 지식을 쌓으러 일본 아오야마 학원에 가게 되었어.

아오야마 학원에서 김영랑은 문학적 동반자가 되는 용아 박용철을 만났어. 둘 다 전라남도가 고향이라 그런지 금방 친해졌지. 당시 김영랑은 3·1 운동 때문에 일본 경찰의 감시를 받고 있었는데, 박용철은 그런 사정을 알고 김영랑을 자신의 하숙집에 숨겨 주기도 했어.

김영랑은 영문학을 전공하면서 워즈워스, 예이츠 등 영문학 작가들의 시에 푹 빠졌어. 박용철은 아오야마 학원 내에서 수학에 뛰어난 재능을 보이기로 유명했고. 그런데 김영랑은 그런 박용철에게 문학을 공부해 볼 것을 권유해. 그의 숨겨진 재능을 알아봤던 거지. 두 사람은 문학에 관한 많은 대화를 나누었고, 그러다 보니 박용철도 문학에 매력을 느껴 도쿄 외국어대학 독문과에 진학하게 되었어. 이들은 이때만 해도 훗날 자신들이 문학사에 어떤 흔적을 남기게 될지 전혀 몰랐을 거야.

### 시인의 모란꽃은 과연 누구인가

김영랑이 옥고를 치르고 집에 돌아온 이듬해였어. 모란이 흐드러지게 핀 봄날, 웬 낯선 여자가 그의 어머니와 꽃밭을 거닐며 웃고 있는 게 아니겠어? 그녀는 어머니 고향 친구의 딸인 마재경이었어. 알고 보니 그녀는 이화 전문학교를 졸업하고 강진 보통학교의 교사로 부임하게 되어 그의 집에서 하숙하며 출근하기로 한 거였어. 김영랑과 그녀는 한 집에서 매일 보는 사이가 된 만큼 오빠 동생 사이로 친하게 지내다 곧 사랑에 빠졌지.

허리띠 매는 시악시 마음실같이
꽃가지에 은은한 그늘이 지면
흰날의 내 가슴 아지랭이 낀다
흰날의 내 가슴 아지랭이 낀다

– 김영랑, 〈허리띠 매는 시악시〉

김영랑은 4행시를 많이 썼어. 첫 시집인 《영랑 시집》의 전체 53편 중 28편이 4행시였거든. 그리고 이 시집의 특이한 점은 시의 제목이 모두 번호로 되어 있다는 것인데, 그 이유는 이따 설명할게. 어쨌든 이 시도 그런 4행시 중 하나고, 원래 제목은 〈31〉이야.

이 시의 장면을 머릿속에 한 번 떠올려 봐. 허리띠를 매는 고운 여성의 모습과 이를 바라보는 사람. 얼마나 눈이 부시도록 아름다웠으면 '흰 날'이라고 했을까? 그리고 가슴이 아릿해 오면서 간질간질하고 두근거리는 마음을 '아지랭이 낀다'라고 표현했어. 사랑에 빠졌을 때의 묘한 느낌을 무척이나 잘 표현한 것 같지?

김영랑이 일본에 가 있는 동안에도 두 사람은 꾸준히 편지를 주고받으며 사랑을 키워 갔어. 한번은 김영랑이 마재경의 편지 때문에 일본의 첫 하숙집에서 쫓겨난 적이 있어. 그녀의 편지 속에 3·1 운동 때문에 김영랑의 어머니가 일본 경찰에게 시달린 내용이 들어 있었거든. 이를 본 집주인이 그를 쫓아낸 거였지.

박용철이 김영랑의 권유로 문학에 발을 들이기 시작할 무렵, 여름 방학이 가까워진 시점에 갑자기 마재경이 김영랑을 찾아왔어. 교사직을 그만두고 김영랑의 어머니가 마련해 준 유학비로 일본에 온 거였지. 아마 김영랑의 집안에서도 내심 그녀를 며느리로 맞이하고 싶었던 모양이야. 오랜만에 둘은 함께 많은 시간을 보낼 수 있었어. 그런데 그사이 평소 건강이 좋지 않았던 박용철이 몸져눕는 일이 일어났어. 김영랑은 마침 방학이고 하니 친구를 데리고 먼저 조선으로 돌아갔고, 마재경은 유학 정보도 알아보고 일본에서의 삶에도 익숙해질 겸 그곳에 남아서 9월 학기에 돌아올 영랑을 기다리기로 했지. 그러나 그때를 마지막으로 둘은 영영 다시 볼 수 없었어. 관동 대지진이 일어나고 말았거든. 조선인에 대한 무차별 학살로 마재경은 행방불명되어 생사조차 알 수 없게 되었지.

또 한 번 사랑하는 사람을 떠나보내야 했던 김영랑은 모든 것을 접고 한동안 골방에 틀어박힌 채 책을 읽고 시를 쓰면서 지냈어. 이따금 연희 전문학교에 편입한 박용철과 편지를 주고받기도 하면서 말이야. 그러나 결국엔 조국에 대한 걱정이 그를 골방에서 끌어냈어. 그는 야학을 열어 마을 아이들을 가르치기도 하면서 조금씩 자신이 할 수 있는 일을 해나갔지.

1923년 김영랑은 경성에 머물면서 홍사용, 정지용, 이태준 등 휘문의숙 출신의 여러 문인과 교류했어. 그 무렵 소설가 최승일의 여동생 최승희를 만나게 되지. 무용가였던 그녀는 키 165cm로, 당시 여성 평균 신장을 훨씬 웃도는 늘씬한 미인이었어. 그녀는 이후 유럽, 미국, 남미로 순회공연을 다니면서 큰 인기를 얼었지. 지금으로 치면 K-아이돌인 셈이야. 찰리 채플린, 존 스타인벡, 피카소, 장 콕토, 마티스와 같은 유명인들이 그녀의 공연을 보러 왔어. 심지어 세기의 미남이라고 불리는 영화배우 로버트 테일러는 그녀에게 연모의 마음을 담은 편지를 주기도 했을 정도야. 광복 후에는 친일 논란이 있기도 했지만, 그럼에도 우리나라 전통 무용을 세계에 널리 알린 사람이라고 평가해. 마라톤 영웅 손기정은 그녀의 친일 논란을 들을 때면 "나도 일장기를 달고 뛰었는데 그러면 나도 친일이냐!"라며 화를 내곤 했대.

김영랑은 그녀 때문에 경성에 예정보다 오래 머물렀어. 두 사람은 종종 함께 시간을 보내며 사랑을 키워 갔고, 결국 김영랑

최승희와 손기정 이들은 당시 세계적으로 이름을 날린 조선인으로,
암울한 현실에 처한 우리 민족에게 희망을 심어준 존재였다.

은 최승희와의 결혼을 결심했지. 그러나 이번에는 가족들이 완강히 반대했어. 당시 그녀의 오빠인 최승일이 사회주의 문학 단체에서 활동했는데, 아마도 그의 정치 성향 때문에 집안에서 반대했던 것 같아. 크게 상심한 김영랑은 목숨을 끊으려고까지 했어. 그 정도로 그녀를 사랑했던 거야.

> 천지에 모란은 자취도 없어지고
> 뻗쳐 오르던 내 보람 서운케 무너졌느니
> 모란이 지고 말면 그뿐, 내 한 해는 다가고 말아
> 삼백 예순 날 하냥 섭섭해 우옵네다
> 모란이 피기까지는
> 나는 아직 기다리고 있을 테요,
> 찬란한 슬픔의 봄을.
> – 김영랑, 〈모란이 피기까지는〉에서

최승희에 대한 마음을 담아 이 시를 썼다고 해석하기도 해. 김영랑은 집 정원에 심어둔 모란을 특히 좋아했는데, 모란이 한창 필 때면 그 꽃을 보려고 좋아하는 술도 마시지 않고 집에 있곤 했대. 그런 모란에 빗대어 그녀에 대한 마음을 표현한 걸 보면 그 사랑이 얼마나 컸는지 알 수 있겠지? 그에게는 모란이 피어 있는 동안만이 기쁨의 시간이야. 그러나 그 기간은 일주일이 채 안 되는 짧은 시간이지. 그의 짧았던 사랑처럼 말이야. 그는 그저 모란이 또다시 피길 기다릴 뿐이야. 기쁨과 이별이 함께하는 '찬란한 슬픔의 봄을'.

이 시에는 또 다른 일화가 있어. 김영랑은 해마다 모란이 필 무렵 전국의 문인과 문인 지망생들을 집에 초청해서 시 창작 대회를 열었어. 한번은 김영랑 본인이 직접 시 한 편을 썼는데, 마음에 들지 않았는지 종이를 구겨서 쓰레기통에 버린 거야. 그 대회에는 훗날 친일파가 되는 이광수도 참여했는데, 당시만 해도 그는 조선에서 가장 인기 많은 소설가이자 문단 최고의 인사였어. 이광수는 멀찍이서 이 모습을 보고 김영랑이 버린 종이를 펴보았어. 거기에는 〈모란이 피기까지는〉이 쓰여 있었지. 그는 이 시를 읽자마자 평범한 작품이 아니라고 생각했어.

"아니 이 사람아, 이걸 왜 버리나? 큰일 날 사람일세!"

그는 그 자리에서 시를 큰 소리로 읽어 내려갔고, 많은 사람의 박수를 받았어. 하마터면 우리 문학사에 길이 남을 명시가 버려질 뻔했던 거야. 사실 예술가들은 종종 자기 작품이 얼마나 훌륭한지 알아채지 못하기도 해.

김영랑은 결국 집안에서 정해준 사람과 재혼하게 되는데, 바로 그의 마지막 사랑인 김귀련이야. 그녀는 개성 출신으로, 원산 루씨아여학교의 교사였어. 밖으로만 나돌던 김영랑은 그녀를 만나면서부터 마음의 안정을 찾고 시에 집중할 수 있게 되었지. 그녀와의 사이에서 자녀를 10명이나 낳았다는 점만 봐도 그녀가 가져다준 안정감이 어느 정도였는지 짐작할 수 있겠지? 김영랑은 자식들을 너무 사랑한 나머지 늘 등에 업고서 온 동네를 돌아다니며 자랑했다고 해. 마음을 담은 편지를 자식들에게 종종 보내기도 하고 말이야.

## 음악을 닮은 시

잠깐 김영랑과 음악 이야기를 하고 갈게. 김영랑은 생전에 음악을 정말 좋아했어. 어느 정도였냐면, 일본에서 유명 음악회가 열린다는 소식을 들으면 만사를 제쳐 두고 일본행 배를 탔을 정도야. 그가 경성에 자주 오갔던 것도 음악회 때문이었고. 그런 중에 최승희와의 만남도 있었던 거야. 그녀가 무용수였던 만큼 음악에 조예가 깊은 김영랑과 잘 통했겠지? 김영랑은 일본 유학 시절에 성악 전공을 고민했을 정도로 노래도 잘했다고 해.

김영랑의 사랑채 벽은 온통 음반으로 들어차 있었어. 그는 서양 음악뿐 아니라 우리 전통 음악에도 관심이 많았는데, 그래서 판소리 하는 명창들이 종종 그의 집에 다녀가곤 했어. 그들은 김영랑의 집에 올 때면 일부러 고수(북 치는 사람)를 데려오지 않았는데, 왜냐면 김영랑이 북을 잘 쳐서 고수가 필요 없었기 때문이야.

자네 소리 하게 내 북을 잡지

진양조 중모리 중중모리
엇모리 자진머리 휘몰아보아

이렇게 숨결이 꼭 맞아서만 이룬 일이란
인생에 흔치 않어 어려운 일 시원한 일.

- 김영랑, 〈북〉에서

그의 시들에서 나타나는 음악성은 우리나라 시 중 단연 으뜸이라고 할 수 있어. 바로 음악에 대한 김영랑의 깊은 관심과 뛰어난 재능 때문이지. 당시 문단에서는 카프가 득세하면서 사회 참여적이고 정치적 성향이 드러나는 시들이 주류를 이루었는데, 김영랑은 이 주류에 반발하며 순수한 예술로서의 시가 가진 중요성을 외쳤어. 그리고 박용철과 함께 '시문학' 동인을 만들었지.

사실 이때까지만 해도 김영랑과 박용철은 무명 시인이었어. 다른 문인들과 교류는 많았지만, 문단에 시 한 번 제대로 발표한

적 없었거든. 다만 열심히 쓰기만 했을 뿐이지. 김영랑은 1930년 동인 잡지 〈시문학〉 창간호가 나오면서부터 본격적으로 문단 활동을 시작했어. 정지용, 변영로, 이하윤, 신석정 등 우리 문단의 중요한 시인들이 시문학 동인에 참여했지.

김영랑은 서정성은 물론이고 그 당시 우리 시에서 흔치 않았던 음악성을 시에 담아냈어. 특히 말뜻을 만드는 가장 작은 단위인 음운을 적극적으로 활용했고, 소리와 의미가 연결되게끔 했어. 그런 면에서 민요적인 리듬을 바탕으로 시를 썼던 김소월보다 한 단계 더 나아갔다는 평가를 받기도 해.

> 돌담에 속삭이는 햇발같이
> 풀 아래 웃음 짓는 샘물같이
>
> – 김영랑, 〈돌담에 속삭이는 햇발같이〉에서

소리 내서 읽어 보면 자연스럽게 입속에서 소리가 굴러가는 듯한 느낌이 들지? 바로 음소 때문이야. 음소는 자음이나 모음 같이 더 이상 작게 나눌 수 없는 음운론상의 최소 단위를 말해. 이 시는 의도적으로 부드러운 느낌을 주는 'ㄹ'이나 'ㅁ'을 많이 사용했어. '돌담에', '풀 아래'처럼 비슷한 소리로 각 행을 이루었지. 그렇게 만들어진 소리는 이 시가 보여 주는 따스한 봄 풍경과도 자연스럽게 어우러져. 몇 번 읽다 보면 자연스럽게 시가 외워질 거야. 〈시문학〉에는 이런 편집 후기가 실려 있어. "우리의 시는 열 번 스무 번 되씹어 읽고 외워지기를 바랄 뿐, 가슴에 느낌이 있을 때 절로 읊어 나오고 읊으면 느낌이 일어나야만 한다."

김영랑은 문단 활동을 시작하면서 〈시문학〉에 그동안 썼던 수많은 시들을 발표했어. 그리고 1935년에 박용철의 도움으로 시집 《영랑 시집》을 출간했지. 이 시집은 앞에서도 말했지만 모든 시의 제목이 번호로 되어 있어. 박용철과 시집을 묶다가 마침 시의 수가 쪽수와 거의 일치하니 제목을 시가 있는 쪽의 숫자로 대신하면 어떻겠냐는 아이디어에서 비롯한 거야. 아예 쪽 번호도 생략하고 말이야. 그렇게 하면 마치 클래식 음악의 악장 같은 느낌도 들고, 아무도 시도한 적 없는 새로운 도전이 되지 않겠냐는 생각이었어. 꽤 엉뚱한 발상이지만, 서정시에 색다른 변화를 주는 멋진 아이디어인 것 같아.

## 마음껏 그리고 그린 태극기

김영랑의 시 세계는 첫 시집 이후 많이 변했어. 그 사이 박용철이 병으로 사망하는데, 소중한 친구의 죽음과 나날이 심해지는 일제의 폭압이 그의 심경에 변화를 줬기 때문일 거야. 1939년에서 1940년 사이에 김영랑이 쓴 시들을 보면 독기가 잔

뜩 서려 있어. 이 무렵 일본은 태평양전쟁을 일으키면서 우리 젊은이들을 군대와 위안부로 끌고 갔지.

앞뒤로 덤비는 이리 승냥이 바야흐로 내 마음을 노리매
내 산 채 짐승의 밥이 되어 찢기우고 할퀴우라 내맡긴 신세임을

나는 독을 차고 선선히 가리라
막음 날 내 외로운 혼 건지기 위하여
- 김영랑, 〈독을 차고〉에서

이 시는 이전에 썼던 그의 시들과는 완전히 다른 분위기야. 불의에 대한 분노와 그에 흔들리지 않겠다는 의지가 느껴지지. 그러나 김영랑 자신은 그렇게 독을 찼지만 그럼에도 주변 사람에게는 관대했어. 이광수나 서정주가 친일파로 활동한다는 소식을 듣고도 "불쌍한 사람들이다. 생계가 힘들면 그럴 수도 있다"라고 말할 정도였으니 말이야. 마음에 여유가 있는 사람이었달까? 이런 점은 또 한용운과는 참 다르지?

1940년 이후 김영랑은 해방이 될 때까지 절필(붓을 놓고 다시는 글을 쓰지 않음)했어. 그러다 광복 이후부터는 정계에 입문했지. 이승만 정권의 공보 수석 비서관이던 김광섭 시인의 권유로

출판국장직을 맡기도 했어. 그러나 친일파 청산이 제대로 이루어지지 않은 바람에 정부의 중요한 자리는 여전히 친일파가 꿰차고 있었어. 이승만은 일제에 협력한 자들을 처벌하는 것을 반대하기도 했거든. 이런 상황에 환멸을 느낀 김영랑은 얼마 안 가 정계를 박차고 나왔어.

김영랑은 한국전쟁 중에 유탄에 맞아 사망했어. 1950년 9월 29일, 그러니까 국군이 서울을 되찾은 다음 날이었지. 북한군은 후퇴하면서 우리 국군이 쫓아오지 못하도록 총탄이나 포탄을 마구잡이로 쏘아 댔는데, 그중 하나에 김영랑이 맞았던 거야. 그가 이처럼 허망한 죽음을 맞이하지 않고 나이가 들 때까지 오래 살았더라면 아름다운 문학 작품을 더 많이 남겼을 거라는 아쉬움이 들어. 이후 그에게는 2008년 금관문화훈장, 2018년 건국포장이 추서되었어.

마지막으로 그가 얼마나 나라를 사랑했는지 알 수 있는 이야기를 하나 들려 줄게. 광복의 소식을 들은 김영랑은 그 자리에서 껑충껑충 뛸 정도로 기뻐했어. "아! 삼천만 민족이 그토록 기다리던 조국 광복의 날이 왔단 말인가? 이것이 꿈이여, 생시여? 조선 독립 만세! 대한 독립 만만세!" 그는 어린 자식들이 옆에서 보고 있는데도 전혀 부끄러워하지 않았지.

김영랑은 사랑채 골방에 들어가 꼭꼭 숨겨 두었던 태극기를 꺼내 자식들에게 보여 주며 특유의 구수한 전라도 사투리로 이렇게 말했어. "이것이 우리나라 국기여. 우리 강진 분들께 나노 디릴라고 한디, 이 태극기를 보고 한번 기래 볼라냐? 크레파스가 여 있다. 백지에다가 느그들이 기릴 수 있는 대로 기래 봐라."

자식들이 크레파스로 태극기를 그리는 동안에도 그는 흥분을 감추지 못하고 계속해서 말했어. "해방된 기념으로 여러 어러 신들에게 디릴 것이여. 어여 기래 봐라." 그의 자식들은 옹기종기 모여 앉아 열심히 태극기를 그렸어. 그렇게 그린 태극기가 강진 사람들의 손에 쥐어졌고, 온 마을마다 "대한 독립 만세!" 소리가 울려 퍼졌지.

# 일제강점기 우리 문학의 성격

앞에서 〈시문학〉 동인에 대해 이야기했지? 그게 뭐 어쨌다는 건지 조금 이해가 안 갈 수도 있을 거야. 일제강점기에는 성향이 비슷한 사람들끼리 모인 '동인'을 중심으로 문학 작품을 만들곤 했어. 만든 작품은 동인지로 발간했지. 해방 이후에도 우리 문학은 작가들의 동인지를 통해 발전했으므로 한국 문학사와 동인은 떼려야 뗄 수 없는 관계야. 여기서는 대표적인 동인들의 성격을 간단히 살펴보자.

- 백조파: 1922년 창간된 동인지 〈백조〉를 통해 시 중심으로 작품 활동을 했다. 감상적이고 낭만주의적인 성격과 현실 도피적인 성향을 보였다. 홍사용, 이상화, 나도향, 현진건 등이 있다.

- 신경향파: 1925년 만들어진 카프를 중심으로, 문학과 예술을 통한 계급 투쟁을 지향했으며 그 규모도 컸다. 사회 참여적이고 저항 정신이 뚜렷한 문학적 성향을 보였다. 김기진, 박영희, 임화, 주요섭, 이상화 등이 있다.

- 국민문학파: 1920년대 중반 신경향파에 대항해 민족주의적 입장에서 민요시 운동, 한글 부흥 운동 등을 통해 민족 문학의 부흥을 꾀했다. 최남선, 이광수, 김동인, 염상섭, 양주동 등이 있다.

- 해외문학파: 1927년 도쿄에서 창간된 동인지 〈해외문학〉을 중심으로 활동한 유학파 작가들로, 주로 서구 문학을 번역·소개하며 순수시를 강조했다. 이후 시문학파 활동을 함께 한 사람도 많다. 이하윤, 김진섭, 김광섭, 김상용, 유치진 등이 있다.

- 모더니즘: 1930년대에 나타났으며 문명 비평과 지적인 태도를 중심으로 이미지를 중시한 초현실주의적인 작품을 많이 썼다. 시문학파의 기교적 측면을 인정하면서도 예술 지상주의라고 비판했으며 백조파, 신경향파의 태도 역시 비판했다. 김기림, 정지용, 김광균, 이상 등이 있다.

# 민중의 삶을 노래하다

고향은
내 영감의 원천

#문단의 아이돌

| 사교성 | | | | | |
|---|---|---|---|---|---|
| 천재성 | | | | | |
| 노력 | | | | | |
| 행복 | | | | | |
| 수명 | | | | | |

**5**

# 외롭고 높고 쓸쓸했던
# 갈매나무

# 백석

↓

## 1912~1996

평안북도 정주군 출생
시인, 교사, 기자, 번역가

**대표작**

〈여우난골족〉 〈남행시초 - 통영〉 〈팔원〉
〈나와 나타샤와 흰 당나귀〉 〈흰 바람벽이 있어〉

백석은 유명한 모던 보이였어. 거리를 걸어갈 때면 그의 멋진 모습에 지나가던 여성들이 뒤를 돌아볼 정도였지. 어느 날 백석이 매우 고급스러워 보이는 연둣빛 양복을 입고 나타나자, 같이 일하던 동료이자 친구인 신현중과 허준은 깜짝 놀랐어.

"이 양복, 200원 주고 맞췄다네."

당시 200원은 서너 달 월급을 전혀 쓰지 않아야 모을 수 있는 돈이었어. 일반적인 양복은 30원 정도 했거든. 백석은 심지어 양말도 1원이나 2원씩 하는 것을 신었어. 당시 양말은 보통 한 켤레에 20전 정도였는데 말이야.

"눈에 잘 띄지 않는 양말이라고 해서 대충 신어서는 안 되지. 잘 보이지 않는 것일수록 완벽하게 챙겨야 해. 난 그러지 않으면 견딜 수가 없어."

그러면서 그는 친구들에게도 비싼 양말을 권했어.

"내가 1원 50전쯤 하는 양말을 봐두었지. 그걸 한번 신어 보게나. 아마 날아갈 듯한 기분이 들 걸세."

신현중은 여러 번 거절하다 백석의 성화에 못 이겨 어쩔 수 없이 팔자에 없는 비싼 양말을 신어 보았다고 해.

## 모던 보이의 모던 시

숱이 많은 곱슬머리, 진한 눈썹에 또렷한 눈동자, 오뚝한 콧날과 두툼한 입술. 지금 봐도 잘생겼다는 말이 절로 나오는 이 청년이 바로 백석이야. 키도 대단히 컸는데, 당시 남성의 평균 신장이 160cm 초반이었는데 비해 백석은 183cm나 되었다고 해. 거기다 늘 세련되게 차려입고 다녔으니, 당시 그가 나타나면 누구라도 쳐다볼 수밖에 없었을 거야.

본명은 백기행이고, 백석은 그의 필명이야. 그는 1912년 7월 평안북도 정주군에서 태어났어. 당시 보기 드물게 사진 실력이 뛰어났던 그의 아버지는 조선일보에서 사진 반장을 했어. 그런 아버지 밑에서 자란 백석은 아마 남들보다 신문물을 접하기 쉬웠을 거고, 자연스럽게 모던 보이의 기질을 갖게 되었을 거야.

백석은 13살에 집 앞에 있던 오산학교에 진학했어. 오산학교는 뛰어난 인물을 많이 배출한 곳이야. 많은 문인과 예술가,

독립운동가가 이 학교를 거쳐 갔지. 백석의 6년 선배이자 시 〈진달래꽃〉으로 유명한 김소월과 김소월의 스승인 김억도 오산학교 출신이었는데, 백석은 김소월을 매우 존경했다고 해. 백석은 반에서 3등 안에 들 정도로 좋은 성적을 받았고, 암기와 영어 실력도 좋았어. 그뿐만 아니라 그림도 잘 그리고 문학에도 비범한 재능이 있었지.

그가 2학년에 재학 중이던 1925년에 고당 조만식 선생이 오산학교 교장으로 부임해 왔어. 조만식은 이전에도 오산학교의 교장으로 재직했었는데, 3·1 운동이 일어나기 직전인 1919년 2월에 학교를 그만뒀었어. 독립선언 후 상하이로 건너가 독립운동에 적극적으로 참여하려고 그랬던 거야. 오산학교의 설립자이자 민족대표 33인의 한 사람인 남강 이승훈 선생의 뜻을 따르기 위한 결정이었지. 그는 오산학교에 다시 부임한 후 백석의 집에 머물며 숙식을 해결하기도 했어.

그러던 중 1930년 1월 100여 명의 일본 경찰이 오산학교에 들이닥쳐서 학생들을 마구 체포하는 사건이 일어났어. 우리나라 3대 독립운동 중 하나인 광주 학생 항일 운동에 영향을 받아 들고일어난 오산학교 학생들을 제지하려는 것이었지. 이때 백석은 학교를 졸업한 상태였지만, 시위 현장은 모두 지켜보았어.

배경 설명이 좀 길었지? 여기 등장한 사람과 사건이 모두 백석에게 큰 영향을 미쳤기 때문에 조금 길게 얘기했어. 백석은 이러한 환경 속에서 자연스럽게 민족정신에 대해 고민했을 거야. 백석의 시 세계에 그 흔적이 드러나거든. 일단 이건 뒤에서 좀 더 이야기할게.

시인 백석은 소설로 먼저 등단했어. 19살이던 1930년, 조선일보 신춘문예에 그가 응모했던 단편 소설 〈그 모<sup>母</sup>와 아들〉이 당선되었거든. 같은 해 4월에는 당시 오산학교에 장학금을 지원하던 방응모의 도움을 받아 일본 아오야마 학원 영어사범과에 진학했지. 거기서 그는 영어·프랑스어·러시아어 등 외국어 공부에 푹 빠졌어. 외국인 교수와 유창한 대화가 가능할 정도로 실력이 좋았다고 해. 나중에 다수의 외국 문학 작품을 번역하기도 했으니 언어에 대한 감각이 뛰어났던 건 분명해 보여.

백석은 일본에서 공부할 때 당시로선 최신 형식이라 할 수 있는 모더니즘 계열의 시를 접했어. 모더니즘 시는 전통 시가 추구하던 음악성보다는 감각적인 이미지를 중시해. 그래서 도시적인 이미지를 보여 주는 작품들이 많지. 백석의 시들에서도 모더니즘적 특징이 잘 드러나는데, 특이한 점은 도시적인 이미지가 아닌 토속적인 이미지의 작품이라는 거야. 이것도 뒤에서 더 자세히 다루도록 할게.

## 불안한 예감은 왜 항상 적중할까

영어 교사가 되고 싶었던 백석은 1934년에 아오야마 학원을 우수한 성적으로 졸업했고, 귀국한 뒤엔 방응모의 제안으로 우선 조선일보에 입사했어. 조선일보 입사 동기였던 신현중, 허준, 백석은 서로 무척 친했는데, 허준은 신현중의 여동생을 소개받아 둘이 결혼도 했지. 1935년 7월, 바로 이 결혼 축하 회식 자리에서 백석은 박경련을 처음 보게 되었어.

"오늘은 가슴 두근거리는 일이 생길 걸세. 통영 여자들이 얼마나 예쁜지 한번 보라고."

결혼식이 끝나고 축하 회식 자리에 가는 길에 신현중이 백석의 옆구리를 찌르며 말했어.

"우리 누님이 전에 통영에서 학생들을 가르쳤던 건 알고 있지? 그 제자들이 경성으로 유학을 오면서 누님을 종종 찾아뵙곤 하는데 말이야……."

신현중은 짓궂은 표정으로 백석의 얼굴을 한번 살피고는 말을 이었지.

"이 처녀들이 얼마나 참한지 딱 조선 여자의 전형이라니까. 자네 같은 모던 보이에게 어울릴지 모르겠지만 말이야."

백석은 순간 가슴이 두근거렸어. 그리고 이곳에서 가슴에 고이 남을 사랑을 만나게 되었지.

통영이 고향인 그녀는 누가 농담을 하더라도 살포시 웃음만 짓는 차분한 여자였어. 말수는 적지만 총명하고 아름다운 사람이었지. 백석은 자꾸만 그녀에게 눈길이 갔어. 괜히 눈 한 번 더 마주치고 싶고, 대화를 나누고 싶었지. 그러나 모던 보이인 그도 정말 좋아하는 사람 앞에서는 쑥스러웠는지 그저 그녀에 대한 마음을 혼자서만 키워갈 뿐이었어. 백석은 예쁘고 아름답다는 뜻을 담아 박경련을 '난(난초)'이라고 부르기로 했어.

난이라는 이는 명정골에 산다든데
명정골은 산을 넘어 동백나무 푸르른 감로 같은 물이 솟는
명정샘이 있는 마을인데
샘터엔 오구작작 물을 긷는 처녀며 새악시들 가운데 내가 좋아하는
그이가 있을 것만 같고
내가 좋아하는 그이는 푸른 가지 붉게붉게 동백꽃 피는 철엔 타관
시집을 갈 것만 같은데
– 백석, 〈통영〉에서

1936년 1월에 백석은 그녀에 대한 마음을 담은 시 〈통영〉을 조선일보에 발표했어. 이 시에는 남쪽 마을 통영의 생기 넘치는 모습과 박경련에 대한 애틋한 마음이 잘 담겨 있어. 백석은 통영

에 대한 수필도 쓰고, 통영이라는 제목의 시를 3편이나 쓸 만큼 그녀에게 푹 빠졌어. 그러나 통영에 여러 번 내려가도 번번이 그녀를 만나지 못했지. 고백다운 고백도 제대로 못한 건 당연하고 말이야. 백석은 그녀가 무척 마음에 들었지만 어쩌면 그녀의 마음속에는 백석이 없었는지도 몰라. 결국 1937년 봄에 백석이 '내가 좋아하는 그이는 푸른 가지 붉게붉게 동백꽃 피는 철엔 타관 시집을 갈 것만 같은데'라고 썼던 그 불안한 마음이 현실이 되고 말았어. 박경련이 백석의 친구 신현중과 결혼하게 되었거든.

백석은 사실 1936년 겨울에 박경련에게 청혼할 생각으로 친구 허준과 함께 통영에 내려갔었어. 그러나 그녀의 어머니인 서씨가 반대했지. 서씨는 당시 경성에 있던 오빠 서상호에게 백석이 어떤 사람인지 알아봐 달라고 부탁했어. 서상호는 고향 후배이면서 백석의 절친한 친구였던 신현중에게 백석에 대해 물었지. 이때 신현중은 친구를 배신하고 말았어. 준수한 외모의 모던 보이였던 만큼 백석에게는 이상한 소문이 따라다녔는데, 바로 그의 어머니가 기생 출신이라는 거였어. 신현중은 서상호에게 이를 마치 사실인 양 얘기했고, 결국 백석과 박경련의 혼사는 깨지고 말았지.

그 당시 결혼은 집안과 집안 사이의 중대한 일이었어. 때문에 박경련의 집안에서는 백석이 평안도 출신에 조선일보에서 일

한다는 정도밖에 모르는 상황에서 귀한 딸을 덜컥 내어줄 수는 없었던 거야. 만약 신현중이 백석에 대해 좋은 말만 해주었으면 결과가 달라졌을지도 모르겠지만, 어쨌든 이후에 신현중이 박경련과 결혼한 걸 보면 그때 그의 행동은 다분히 의도적이었다고 볼 수 있어.

백석은 큰 충격을 받았어. 사랑하던 사람과 소중한 친구 둘 다 잃었기 때문이야. 1938년에 그가 쓴 시 〈내가 생각하는 것은〉에 그때의 마음이 절절하게 나타나 있어.

> 그렇건만 나는 하이얀 자리 우에서 마른 팔뚝의
>
> 새파란 핏대를 바라보며 나는 가난한 아버지를
>
> 가진 것과 내가 오래 그려오든 처녀가 시집을 간 것과
>
> 그렇게도 살틀하든 동무가 나를 버린 일을 생각한다
>
> – 백석, 〈내가 생각하는 것은〉에서

1936년 4월 백석은 일하던 조선일보에 사표를 내고 원래 꿈이었던 교사가 되기 위해 함경남도 함흥의 영생 고등 보통학교에 갔어. 그는 학생들이 열심히 공부할 수 있도록 지도하는 한편 자신도 러시아인에게 러시아어를 배우는 등 학업을 게을리하지 않았지. 이 시기에 〈스승의 은혜〉 작사가로도 유명한 아동문학

가 강소천을 가르치기도 했어. 1941년 출간된 강소천의 동시집 《호박꽃 초롱》에 시 형식의 서문을 써주었을 만큼 둘은 친하게 지냈어.

그러던 중 백석은 함흥의 요릿집에서 한 기생을 만나게 돼. 바로 법정 스님께 길상사라는 절을 시주한 것으로도 유명한 자야 여사야. 그녀의 본명은 김영한인데, 백석이 당나라의 시인 이백이 지은 〈자야오가〉에서 '자야'라는 애칭을 따와 그녀에게 지어 주었다고 해. 백석과 자야는 연인이 되었어. 백석은 자야를 몹시 사랑했는데, 한번은 이런 일도 있었어. 백석이 학교 축구팀을 이끌고 경성에 갔다가 간 김에 경성에 있던 자야를 만나러 간 거야. 그런데 그 사이에 학생들이 사고를 치는 바람에 그만 교직에서 잘리게 되었지. 그만큼 백석은 자야에게 푹 빠져 있었어. 우리나라에서 가장 아름다운 사랑 시 중 하나인 〈나와 나타샤와 흰 당나귀〉의 '나타샤'가 자야를 가리킨다고도 해.

눈은 푹푹 나리고

아름다운 나타샤는 나를 사랑하고

어데서 흰 당나귀도 오늘밤이 좋아서 응앙응앙 울을 것이다

– 백석, 〈나와 나타샤와 흰 당나귀〉에서

그러나 이런저런 이유로 백석은 결국 그녀와도 헤어지고 말았어. 그렇지만 자야 역시 백석을 잊지 못했는지, 오랜 시간 뒤 백석을 회고하며 "내 재산 1,000억은 백석의 시 한 줄만 못합니다"라는 말을 남기기도 했어.

사찰 길상사
자야는 "눈이 푹푹 나리는 날 유해를 길상사 뒤뜰에 뿌려 달라"고 유언했다.

## 그리운 고향의 풍경을 시에 담다

1935년 8월에 백석은 시 〈정주성〉을 조선일보에 발표했어. 그가 세상에 내보인 최초의 시였지. 이로부터 반년이 채 지나지 않은 1936년 1월에 〈여우난골족〉, 〈여승〉 등을 담은 시집 《사슴》을 100부 한정판으로 출간했어. 이후 그는 1941년까지 7년 동안 수많은 시를 발표하며 시인으로서 이름을 떨쳤어. 시도 잘 쓰는 데다 잘생기기까지 해서 그야말로 문단의 아이돌이었지.

그의 명성과 인기를 잘 보여 주는 일화가 있어. 백석보다 5살이 어렸던 문학청년 윤동주는 《사슴》을 꼭 구하고 싶었으나 구할 수 없어 가슴만 졸이고 있었대. 그러다가 시집이 세상에 나오고 1년 반이 지날 무렵, 다니던 연희 전문학교 도서관에서 우연히 이 시집을 발견한 거야. 그토록 원하던 것을 손에 넣은 윤동주는 벅찬 가슴을 부여잡고 그 자리에서 바로 필사를 시작했어. 손수 베낀 이 시집을 늘 옆에 두고 한구석에 소감을 적기도 하며 애지중지했다고 해.

《사슴》에는 백석의 어린 시절부터 청년기까지 그가 지나온 삶의 모습이 담겨 있어. 특히 그가 태어나고 자란 평안도의 풍경과 그곳에서의 추억이 중심을 이루지. 시집을 천천히 읽어 나가다 보면 그곳에서 살아가는 평범한 사람들의 모습과 풍속이 생생하게 머릿속에 그려질 거야.

저녁술을 놓은 아이들은 외양간섶 밭마당에 달린 배나무동산에서

쥐잡이를 하고 숨굴막질을 하고 꼬리잡이를 하고 가마 타고

시집가는 놀음 말 타고 장가가는 놀음을 하고 이렇게 밤이

어둡도록 북적하니 논다

밤이 깊어가는 집안엔 엄매는 엄매들끼리 아르간에서들 웃고

이야기하고 아이들은 아이들끼리 웃간 한 방을 잡고 조아질하고

쌈방이 굴리고 바리깨돌림하고 (중략) 부엌으론 샛문틈으로

장지문틈으로 무이징게국을 끓이는 맛있는 내음새가 올라오도록

잔다

– 백석, 〈여우난골족〉에서


이 시는 명절날 모인 대가족의 모습을 그리고 있어. 아이들
이 모여서 노는 모습, 친척들이 모여 담소를 나누는 모습, 맛있
는 음식이 차려지는 모습 등 평범한 우리 삶을 따뜻하고 즐거운
분위기로 표현하지. 그러나 1930년대에 일제가 민족 말살 정책
을 펴나가면서 이러한 풍경은 더 이상 찾아보기 힘들게 되었어.

일제는 우리말을 민족정신의 핵심이라 생각해서 우리말 사
용을 금지했어. 관청의 민원 접수도 일본어로만 허용했고 학교
에서는 우리말을 가르치지도, 쓰지도 못하게 했어. 심지어 학교
에서 학생이 자기도 모르게 우리말을 사용하면 심한 매질을 했

을 정도야. 그뿐만 아니라 식민 사관에 입각해 우리의 문화와 전통을 하나씩 없애 가려고 했지.

　백석은 〈여우난골족〉 속의 모습을 지키기 위해 시인으로서 할 수 있는 일이 무엇인지 생각해 봤을 거야. 아마도 어릴 적 기억을 다시 끄집어냄으로써 우리 고유의 전통과 정 많은 문화를 보여 주고 싶었던 게 아니었을까? 어렵고 힘든 상황 속에서도 건강한 공동체의 삶이 계속 이어져 나가기를 바란 건 아니었을까?

　백석이 시집에서 적극적으로 구사한 평안도 방언은 그의 시를 더욱 의미 있고 아름답게 만들어. 사실 평안도 방언이 우리에게 낯선 만큼 시를 읽다 보면 잘 모르는 말이 대부분이긴 해. 하지만 뜻은 몰라도 소리 내어 읽다 보면 그 단어들이 주는 울림이 느껴져. 또 우리말 고유의 아름다움이 가만히 다가오지. 백석 시가 가지는 힘이 곧 방언에 있음을 여실히 느낄 수 있어. 박용철 시인은 백석이 구사한 방언에서 모국어의 위대한 힘을 깨닫게 된다고 말했어.

　그리고 당대 시인들이 모더니즘 기법을 받아들여 그 기법 그대로 써나갔던 데 비해 백석은 그것을 조선적인 것과 결합하려고 노력했어. 그 결과 남들과는 다른 백석만의 독특한 시가 만들어졌지. 즉, 어떤 감정에 지나치게 몰입해 표현하는 것을 지양

하면서 동시에 향토적인 소재에서 오는 따뜻함을 살렸던 거야. 시인 김기림은 《사슴》을 두고 '문단에 던져진 포탄'이라고 하며 격찬했어.

이러한 특징들은 백석이 늘 마음에 품었던 민족정신을 드러낸 방식이기도 해. 백석 이전에 모더니즘을 받아들였던 문단의 많은 시인은 일제의 민족 말살 정책 이전에도 곧잘 일본어로 쓴 시를 발표하곤 했어. 당시로서는 일본어로 시를 쓰거나 일상생활에서 일본어를 섞어 쓰는 것이 자연스러운 일이었거든. 그러나 백석은 일본어로 된 시를 단 한 편도 발표하지 않았고 평소에 말할 때도 일본어를 섞어 쓰지 않으려고 했어. 누구보다 우리말을 사랑했고 우리말의 아름다움을 지키고자 했던 시인이었지.

### 가난하고 외롭고 높고 쓸쓸하게

1937년 7월에 중일전쟁이 발발했어. 일제는 전쟁 물자 수송과 징병을 위해 민족 말살 정책을 더욱 강화해 조선인의 정신과 문화를 소멸시키려 했지. 강압을 버티지 못한 조선 사회는 상당수 친일로 바뀌어 가기 시작했어. 백석이 유학할 수 있도록 도와주고 만해 한용운에게 심우장을 지어 주기도 했던 조선일보의 사장 방응모마저 신문 1면에 일왕 부부의 사진을 실어 그들에게 무릎 꿇을 정도였으니까 말이야. 하지만 백석은 끝끝내 일본어로 된 작품을 쓰지 않았어. 오히려 이때 백석의 시 세계는 개인적인 삶을 그리기보다는 민족 공동체적인 삶을 그려 가기 시작하지.

차디찬 아침인데

묘향산행 승합자동차는 텅하니 비어서

나이 어린 계집아이 하나가 오른다

옛말속같이 진진초록 새 저고리를 입고

손잔등이 밭고랑처럼 몹시도 터졌다

(중략)

계집아이는 운다 느끼며 운다

텅 비인 차 안 한구석에서 어느 한 사람도 눈을 씻는다

계집아이는 몇 해고 내지인 주재소장 집에서

밥을 짓고 걸레를 치고 아이보개(아이 보기)를 하면서

이렇게 추운 아침에도 손이 꽁꽁 얼어서

찬물에 걸레를 쳤을 것이다

– 백석, 〈팔원―서행시초3〉

〈서행시초〉는 평안북도 일대를 여행하며 쓴 시야. '팔원'은 평안북도 영변 근처의 지명이지. 백석은 팔원에서 버스에 오르

는 한 여자아이를 보았어. 어린 나이에 일본인 밑에서 식모살이를 하며 고생한 모습이었지. 백석의 눈에 그 아이와 우리 민족의 모습이 겹쳐 보였나 봐. 그는 그때 느꼈던 슬프고 비통한 감정을 이 시에 고스란히 담았어.

그러나 조선의 많은 문인과 지식인들이 친일로 돌아서면서, 당시 많은 주목을 받던 백석에게도 압력이 들어오기 시작했어. 1939년에는 친일 문화 단체인 조선 문인 협회가 결성되었는데, 이 단체는 일제의 침략 전쟁을 미화하거나 참전을 선동했고 조선인의 생활 방식과 문화를 일본과 똑같이 만들자는 글을 쓰는 등 일제의 앞잡이 노릇을 했어. 회장은 유명한 친일파 소설가 이광수였고 주요한, 임화, 김동인, 모윤숙, 노천명 등 우리 문학사에 이름을 올리고 있는 많은 문인이 이 단체에 참가했어. 이들은 백석이 잘 알고 지내던 사람들이기도 했지. 백석은 조선일보에서 함께 일했던 친한 동료이자 당대 잘 나가는 삽화가였던 정현웅과 함께 고민에 고민을 거듭했어. 그러나 결국 답은 하나였지. 친일은 결코 안 된다는 거였어.

백석은 일제의 억압과 주변 문인들의 회유를 피해 만주로 떠나기로 마음먹었어. 당시 연인이었던 자야에게 함께 가자고 했지만 그녀는 거절했고, 백석은 그렇게 홀로 만주로 향했지. 그러나 만주 역시 억압을 쉽게 피할 수 있는 곳이 아니었어. 학교에서는 일제에 대한 충성심을 강요했고, 마을 단위로 반상회를 만들어 조선인을 일본인처럼 만들려고 했지. 백석은 결국 그곳에서도 다니던 직장을 그만두고 힘들게 삶을 이어 나갔어.

급기야 1941년 4월에는 마지막까지 남아 있던 문예지《문장》과《인문평론》마저 강제로 폐간당했어. 더 이상 우리나라 문인들이 제대로 작품을 발표할 수 있는 지면이 남지 않게 된 거야. 백석은 두 문예지에 우리말로 된 작품들을 마지막으로 발표했고, 이후 해방되기까지 작품 활동을 멈췄어. 일본어로 시를 쓰지 않겠다는 그의 의지를 엿볼 수 있는 부분이야.

마침내 광복이 찾아왔고, 해방 이후 평안남도 건국 준비 위원회의 위원장이었던 고당 조만식이 백석을 평양으로 불렀어. 외국어 능력이 탁월했던 백석에게 러시아어 통역을 맡기기 위해 부른 거였지. 안타깝게도 백석은 그렇게 북한에 남게 되었어. 1988년 월북 문인들의 작품이 해금되기 전까지 그의 시는 우리나라에서 다루어질 수 없었지.

백석은 북한에 있으면서도 표현의 자유를 억압하는 북한의 체제를 비판하다 결국 좌천되었고, 이후로는 양치기와 농사일에만 전념했어. 그렇게 문학과 멀어진 삶을 살다가 1996년 쓸쓸한 죽음을 맞이했지. 한 설문 조사에서 백석은 우리나라 시인들이 사랑하는 시인 1위에 뽑히기도 했어. 그만큼 그의 시가 아름답고 우리말의 정취를 잘 살렸다는 의미겠지? 만약 백석이 남한에서 자유로운 삶을 이어 갔다면 어땠을까? 아마도 우리가 그의 아름다운 작품들을 훨씬 많이 접할 수 있지 않았을까?

백석의 공민증 사진과 1980년대 중반 촬영된 것으로 보이는 가족사진

# 고독한 미식가 백석

백석의 시에는 먹을 것이 많이 등장하기로 유명한데, 그의 시 100여 편 중 음식이 나오는 시가 약 60편이고 음식의 종류는 약 110종에 달해. 심지어 백석의 시에 나오는 음식을 연구한 식품영양학과 논문이 있을 정도야. 국수, 메밀국수, 가재미, 무이징게국, 소주, 명태, 붕어곰, 가지냉국, 꼴뚜기, 시래기, 떡국, 도토리범벅, 가지취 등 하나같이 소박하고 친근한 음식들이지.

식문화는 그것을 먹는 사람과 그 사람이 사는 나라를 대표해. 그러므로 백석이 음식을 시의 소재로 자주 사용했다는 것은 곧 우리 민족의 문화를 지키려는 노력이라고도 볼 수 있어. 물론 꼭 그렇게 거창하게 해석해야만 하는 건 아니야. 음식을 시에 등장시킴으로써 읽는 사람의 마음을 따뜻하게 만드는 시인의 능력도 놀라워. 특히 다음에 소개하는 시 〈국수〉와 〈선우사〉는 꼭 끝까지 읽어 보길 바라. 생생한 묘사에 아마 절로 군침이 돌게 될 거야.


아, 이 반가운 것은 무엇인가

이 히수무레하고 부드럽고 수수하고 슴슴한 것은 무엇인가

겨울밤 쩡하니 닉은 동티미국을 좋아하고 얼얼한 댕추가루를

좋아하고 싱싱한 산꿩의 고기를 좋아하고

그리고 담배 내음새 탄수 내음새 또 수육을 삶는 육수국 내음새

자욱한 더북한 삿방 쩔쩔 끓는 아르굳을 좋아하는 이것은 무엇인가

– 백석, 〈국수〉에서


흰밥과 가재미와 나는

우리들이 같이 있으면

세상 같은 건 밖에 나도 좋을 것 같다

– 백석, 〈선우사〉에서

# 하늘과 바람과 별과 시인

하늘을 우러러 한점 부끄럼이 없기를

#대기만성형 시인

| | | | | | |
|---|---|---|---|---|---|
| 사교성 | | | | | |
| 천재성 | | | | | |
| 노력 | | | | | |
| 행복 | | | | | |
| 수명 | | | | | |

**6**

# 잎새에 이는 바람에도
# 괴로워하다

# 윤동주

↓

## 1917~1945

중국 지린성 룽징시 출생

시인

**대표작**

〈서시〉〈자화상〉〈십자가〉
〈참회록〉〈쉽게 씌어진 시〉〈별 헤는 밤〉

윤동주가 일본 릿쿄대 1학년이던 시절, 여름 방학을 맞아 고향에 온 그는 여동생에게 불쑥 사진 한 장을 보여 주었어.

"이 사진의 여자 어떠니?"

사진 속의 여자는 평범한 외모였지만 은근한 지성미가 느껴지는 인상이었어. 그녀는 함경북도 온성에 사는 박 목사의 막내딸로, 도쿄에서 오빠와 함께 대학에 다니며 성악을 공부하는 중이었지. 윤동주는 타지 생활을 하다가 김치가 먹고 싶으면 종종그 집에 들러 함께 식사하곤 했어. 그녀의 오빠는 윤동주를 좋게보았고, 동생과 잘 되었으면 하는 마음을 넌지시 드러내곤 했지. 윤동주네 집안 어른들도 연애라곤 해본 적 없는 아들이 관심 있는 여자라고 하니 무척이나 좋아했고 말이야.

하지만 그의 사랑은 결국 이루어지지 못했어. 새 학기가 시작되고 그에게 날아온 한 통의 편지에 이런 내용이 적혀 있었거든.

"그 여자가 이번 여름 방학 때 고향에 갔다가 약혼을 하고 왔다더라……."

## 수줍음이 많았던 미남 시인

사진 속 단정한 용모의 남자가 바로 우리가 잘 아는 시인 윤동주야. 사진만 보면 인기가 많았을 것 같지? 그런데 당시 주변 사람들의 말을 들어보면 그는 연애해 본 적이 없다고 해. 그저 짝사랑만 했을 거라고 추측하지. 윤동주의 당숙(아버지의 사촌 형제)인 윤영춘은 그에 대해서 이렇게 회고했어.

"얼굴이 잘생겨서 거리에 나가면 여학생들이 유심히 그의 얼굴을 보기도 하고 여자가 말을 걸 때도 있었다. 하지만 수줍은 그는 한 번 거들떠보지도 않았다."

수줍음이 많았던 사람 윤동주는 1917년 중국 베이젠다오(북간도) 지역의 명동촌에서 7남매 중 장남으로 태어났어. 그의 위로 누나 2명이 있었지만 안타깝게도 둘 다 일찍 세상을 떠나는 바람에 장남 윤동주에 대한 집안의 기대가 컸지. 그런 그의 어린 시절 이름은 '해환'이었어. 동생들의 이름은 '달환', '별환'이었던 걸 보면 어떤 의미인지 짐작이 가지? 그의 집안은 독실한 기독교 집안이었는데, 신앙은 이후 그의 시풍에도 영향을 미쳤어.

그가 자란 명동 마을은 나지막한 언덕이 병풍처럼 둘러 있고 선바위라 부르는 삼형제 바위가 솟아 있는 아름다운 곳이었어. 봄이면 수많은 들꽃이 피어났고, 겨울이면 마을까지 내려오곤 하는 멧돼지와 노루를 잡아 잔치를 벌이기도 했지. 그런 곳에서 화살촉 같은 유물을 줍기도 하고 꿩 사냥 구경도 하면서 윤동주는 밝고 건강하게 자라났어.

9살이 되던 1925년에 윤동주는 명동 소학교에 입학했어. 명동 소학교는 3·1 운동, 봉오동 전투, 청산리 전투 등 굵직한 사건에 참여한 졸업생들을 많이 배출한 학교야. 이후 그의 행보를 보면 알게 모르게 이러한 학풍의 영향을 많이 받았던 것 같아. 윤동주의 반에는 훗날 유명한 사회 운동가가 되는 문익환 목사가 있었고, 고종사촌이자 윤동주 평생의 라이벌이며, 나중에 죽음을 함께하게 되는 송몽규가 있었어. 이들은 함께 시간을 보내는 가운데 서로에게 긍정적인 영향을 주면서 성장하게 되지.

소년 윤동주는 감수성이 예민해서 사소한 일에도 잘 감동받고 잘 슬퍼했다고 해. 그래서 그런지 글짓기에도 남다른 재능을 보였지. 친구들의 글을 모아서 〈새명동〉이라는 잡지를 만들기도 했어.

## 대기는 만성이지

졸업 후 윤동주는 잠시 중국인들이 다니는 소학교에 다니다가 조선인이 많은 룽징(용정)에 이사 가서 은진 중학교를 다니게 되었어. 이때도 문익환, 송몽규와 함께였지. 은진 중학교는 기독교 학교였는데, 그 때문에 일제의 간섭이 심하지 않았고 우리말로 수업도 할 수 있었어. 이곳에서 윤동주는 축구 선수로 활약하는가 하면 웅변대회에서 상을 받기도 해. 소학교 시절의 경험을 살려서 문집도 만들었지. 또 이때는 본격적으로 문학에 관심을 가지기 시작한 시기야. 문익환, 송몽규와 함께 문학에 관한 이야기를 나누고 서로의 작품을 읽어 보며 시 공부를 했지.

어느 날 윤동주가 아버지에게 크게 혼난 일이 있었어. 그가 살던 룽징은 무척 추웠기 때문에 겨울이 되면 학생들은 양복점에 들러 교복 안에 천을 덧대어 입곤 했어. 그런데 윤동주는 아버지한테 받은 돈을 천을 덧대는 데 쓰지 않고 다른 데 써버린 거야. 아버지가 어디다 돈을 쓴 거냐고 계속 추궁해도 그는 묵묵부답이었지. 시간이 지나 어머니가 살짝 물어보았더니, 그제야 윤동주는 "그 돈으로 책을 사서 읽었습니다"라고 대답했어. 그가 얼마나 문학에 진심이었는지 알 수 있는 대목이지.

1935년 1월 당시 3학년에 재학 중이던 송몽규가 동아일보 신춘문예 콩트 부문에 〈술가락〉이라는 작품으로 등단했어. 신춘

윤동주와 친구들
뒷줄 오른쪽이 윤동주, 앞줄 가운데가 송몽규다.

문예는 전국에서 응모한 작품 중 단 1편을 뽑는, 문학인이라면 누구나 꿈꾸는 공모전인데 아직 중학생이었던 송몽규가 당선되었던 거야. 윤동주는 친구의 등단에 크게 자극받아 더더욱 열심히 시를 쓰기 시작했지.

이때부터 윤동주는 시를 쓰면 그 끝에 완성한 날짜를 꼬박꼬박 적었어. 아마도 송몽규를 따라잡기 위해 자신의 문학적 성장 과정을 기록하는 방법이었을 거야. 그래도 친구가 당선된 게 많이 부럽긴 했는지, 윤동주는 입버릇처럼 "대기는 만성이지"라고 말하곤 했대. 크게 될 사람은 늦게 이루어진다는 뜻인데, 모두 알다시피 이 말은 예언이 되었어.

윤동주가 라이벌로 여긴 송몽규는 매우 활달하고 적극적이면서도 재능이 많은 사람이었어. 내성적이었던 윤동주와는 반대였지. 송몽규는 은진 중학교 3학년에 다니던 중 큰 뜻을 품고 뤄양(낙양) 군관학교에 들어갔어. 대한민국 임시 정부의 독립운동에 적극적으로 가담하기 위해서였지. 그리고 윤동주의 단짝이던 문익환도 평양의 숭실 중학교로 떠났어. 숭실 중학교 역시 기독교 계열의 학교로 일제의 간섭이 덜한 곳이었고, 그 때문에 많은 학생이 가고 싶어 하는 곳이기도 했어. 홀로 남은 윤동주는 외로움을 느꼈지.

윤동주는 부모님을 설득한 끝에 1935년 9월에 마침내 조국 땅을 밟을 수 있었어. 친구 문익환이 다니던 숭실 중학교로 편입하게 되었거든. 이곳에서도 윤동주는 교지 편집을 맡으며 문학인의 꿈을 키워 갔어.

"그때 동주는 내게도 시를 한번 써서 내면 어떻겠냐고 했어요. 그래 1편 써서 냈더니 정색을 하고는 '이게 어디 시야?'라고 하면서 되돌려 주더군요. 동주가 살아서 내가 하는 성서 번역을 도와주었다면 나는 평생 번역 일만 하면서 살았을 겁니다. 영영 시를 써보지도 못하고 말이죠."

훗날 시인으로 활동하기도 했던 문익환이 당시 일을 회상하며 했던 말이야. 아무리 친한 친구의 작품이라도 교지에 싣지 않고 돌려보낼 만큼 윤동주가 시에 대해 엄격했던 걸 알 수 있지. 숭실 중학교에 다니는 동안 그는 정지용, 한용운을 비롯한 많은 시인의 시집을 읽고, 또 직접 시를 쓰기도 하면서 시인의 꿈을 조금씩 키워 나갔어.

그런데 그곳에서의 생활은 그리 길지 못했어. 바로 일제가 강요한 신사 참배 때문이었지. 1925년 일제는 조선총독부를 통해 조선 신사를 서울 남산에 세웠어. 이후 그곳의 이름을 조선신 궁이라고 고치고 전국 각지에 신사를 짓기 시작했지. 1931년 만

숭실 중학교 시절의 윤동주
가운데 안경 쓴 사람이 문익환 목사이고 오른쪽이 윤동주다.

주사변 이후에는 '국민정신 총동원'이라는 구실로 모든 조선인에게 신사 참배를 강요했어. 숭실 중학교는 기독교 학교라 유일신을 섬기는 교리에 따라 신사 참배를 하지 않고 버텼지만, 일제는 학교 교장들을 불러 모아 모든 학교는 신사 참배를 반드시 해야 한다고 못 박아 버렸어. 이로 인해 숭실 중학교는 폐교 위기에 처했고, 윤동주는 문익환과 함께 다시 룽징으로 돌아가야만 했어.

윤동주는 룽징의 광명 학원에 편입하게 되는데 그곳은 일제의 정책을 잘 따르는 곳이었어. 갈 수 있는 학교가 오로지 이곳뿐이라 어쩔 수 없었지. 게다가 오랜만에 고향에 돌아와 보니 친구 송몽규가 감옥에 있는 게 아니겠어? 김구가 이끌던 뤄양 군관학교에서 활동한 것을 빌미로 일제가 붙잡은 거였지. 이 모든 힘든 상황들 때문에 윤동주는 괴로웠고, 학교에 흥미를 잃은 채 늘 새벽 두세 시까지 책을 읽고 시에 몰두했어.

### 괴로웠던 사나이

졸업을 앞두고 윤동주는 큰 고민에 빠졌어. 그의 뜻은 문학에 있었는데 아버지는 의과 대학에 가야 한다고 강력하게 주장했기 때문이야. 그래서 윤동주는 생전 처음으로 가출까지 했고, 집안 분위기는 갈수록 심각해졌어. 보다 못한 할아버지가 나서

고서야 갈등의 매듭을 지을 수 있었지. "정작 공부를 할 사람인 동주가 의과가 싫다는데 어쩌겠느냐. 제 뜻을 따라 문과로 갈 수 있도록 해주거라"라는 할아버지 말씀에 아버지는 어쩔 수 없이 문과 진학을 허락하고 말았어.

할아버지는 곳간의 곡식들을 내다 팔며 손자의 서울 유학 뒷바라지를 준비했어. 그러면서 말하길, "동주야. 이젠 그저 열심히 공부해서 꼭 고등 고시를 하거라. 그거 합격해서 성공해야 한다. 장가는 늦게 가야 한다. 가장이 되면 공부를 못하게 되니 절대 일찍 장가가서는 안 된다. 열심히 해서 꼭 고등 고시 합격하고 성공해야 한다"라고 신신당부했어. 할아버지는 어디선가 고등 고시에 합격하면 출세한다는 말을 들었던 모양이었고, 윤동주는 그저 묵묵히 듣기만 했지. 그러나 그는 서울로 떠나기 직전에 여동생에게 이렇게 말했어.

"할아버지 말씀은 알겠지만, 고등 고시는 아예 과가 달라. 그거 하려면 법과를 가야지 문과로 가서는 안 되는 거야."

윤동주는 송몽규와 함께 서울로 떠났고, 둘 다 연희 전문학교(지금의 연세대학교) 문과 입학시험에 합격했어. 당시 그곳의 입학시험은 무척 어렵기로 유명했는데, 이를 당당하게 통과한 거야. 일제의 강압이 심해지던 와중에도 연희 전문학교의 학풍은 자유로운 편이었어. 왜냐하면 이곳은 기독교 학교로, 미국 선교

회의 지원을 받고 있었기 때문이야. 일제도 괜히 건드렸다가 미국과의 관계가 껄끄러워지는 것은 원치 않았거든. 덕분에 학교 곳곳에는 무궁화와 태극 문양이 있었어.

그뿐만 아니라《우리말본》을 쓰고 강의한 한글학자 최현배, 민족정신을 바탕으로 역사를 가르친 사학자 손진태 같은 사람들이 교수로 있었어. 윤동주가 이곳을 택한 것도 바로 이런 이유였지. 이러한 학풍 속에서 윤동주는 잃어버린 나라를 되찾아야 한다는 마음을 키워 나갈 수 있었어.

윤동주가 연희 전문학교에 입학하자 아버지의 태도도 바뀌었어. 아들의 문과 진학을 마지못해 허락하기는 했지만, 의과를 가지 않은 것에 대해 종종 불만을 털어놓곤 했었거든. 그런데 윤동주가 여름 방학에 고향에 돌아와서 어른들에게 인사를 다닐 때면 이렇게 말하곤 했대.

"모자 쓰고 가라!"

바로 연희 전문학교 학생임을 보여 주는 사각모를 반드시 쓰고 가라고 일렀던 거야. 실은 서울의 좋은 학교에 다니는 자식이 내심 자랑스러웠던 거지. 그러면 윤동주는 마지못해 쓰고 나가다가 길에서 벗어서 담 너머로 모자를 던져놓고 가거나, 바지 뒷주머니에 구겨 넣곤 했대.

윤동주는 송몽규와 함께 기숙사에 살면서 강처중이라는 친구를 사귀었어. 강처중은 훗날 윤동주의 작품이 세상에 나올 수 있게 만든 중요한 인물이야. 이들은 밤새 별을 바라보며 문학을 이야기하고, 또 나라 걱정을 함께 하기도 하면서 친하게 지냈지.

윤동주는 대학생이 되기는 했지만 캠퍼스의 낭만을 즐기지는 못했어. 우리 민족이 처한 어두운 현실에 너무나 공감하고 아파했거든.

1940년도에 일제는 우리나라 신문인 동아일보와 조선일보까지 폐간시키면서 우리말과 글을 아예 쓸 수 없도록 했어. 윤동주는 지성인으로서 목소리를 내지 못하는 것에 큰 부끄러움을 느꼈지.

우물 속에는 달이 밝고 구름이 흐르고 하늘이 펼치고 파아란 바람이 불고 가을이 있습니다.

그리고 한 사나이가 있습니다.
어쩐지 그 사나이가 미워져 돌아갑니다.

돌아가다 생각하니 그 사나이가 가엾어집니다.
도로 가 들여다보니 그 사나이는 그대로 있습니다.

– 윤동주, 〈자화상〉에서

이 시에는 자신이 미워지기도, 또 가엾어지기도 하면서 고뇌하는 모습이 보여. 윤동주는 누구 앞에 나서기보다는 홀로 괴로워하는 성격이었어. 정의감은 강했지만, 시대의 큰 폭풍 앞에 감히 맞서지 못하는 약한 소시민적 존재였지. 그래서 우물에 비친 자기 모습을 보며 가만히 있는 자신에 대해 죄책감을 느꼈던 거야.

괴로웠던 사나이,

행복한 예수 그리스도에게

처럼

십자가가 허락된다면


모가지를 드리우고

꽃처럼 피어나는 피를

어두워 가는 하늘 밑에

조용히 흘리겠습니다.

– 윤동주, 〈십자가〉에서


이 시를 쓰면서 윤동주는 부끄럽지 않은 삶을 살겠다고 다짐했어. 예수가 자신을 희생해서 인류를 구원했듯 자기 자신을

윤동주의 원고 원본

희생해 민족을 구할 수 있다면 기꺼이 그렇게 하겠다고 말이지. 그러면서도 이 2편의 시가 놀라운 건, 감추고 싶은 부끄러움을 오히려 드러내어 담담하게 말하고 있다는 점이야. 우리는 과연 남들에게 자신의 부끄러운 점을 쉽게 말할 수 있을까?

　윤동주는 졸업을 앞두고 그동안 쓴 시들 중 19편을 추려서 시집을 만들려고 문학과 교수 이양하를 찾아갔어. 이양하는 영문학자이면서 수필가이기도 했거든.

　"교수님, 그동안 쓴 시들을 모아 봤는데 이것으로 시집을 낼까 합니다."

　"졸업 기념도 되고 하니 좋겠군. 그러나 자네 뜻은 알겠지만 읽어 보니 이 시들은 검열을 피하기는 어려울 듯하네. 요즘 일본인들이 우리 민족에 대한 작품은 눈에 불을 켜고 쳐내고 있다는 건 자네도 잘 알지 않는가. 시기가 좋지 않아……."

"그래도 개인적으로 어떻게든 내보면 괜찮지 않을까요?"

"자네는 졸업 후에 일본 유학에도 뜻을 두고 있지 않았나. 만약 이 시집으로 문제가 생기면 대학에 입학하는 게 문제가 아니라 일본으로 건너가기조차 힘들 걸세."

윤동주는 어쩔 수 없이 시집 출간은 포기했어. 대신 딱 3권만 수기로 써서 1권은 자기가 갖고 1권은 이양하에게, 또 1권은 후배 정병욱에게 주었지. 우리가 지금 윤동주의 시집을 읽을 수 있게 된 건 바로 정병욱이 가지고 있었던 이 필사본 덕분이야. 나머지 2권은 나중에 소실되었어.

## 조선말로 시를 쓴 죄

1942년 3월 윤동주는 송몽규와 함께 일본으로 떠났어. 송몽규는 교토제국대학(지금의 교토대학) 서양사학과로, 윤동주는 릿쿄대학 영문과로 진학했는데, 윤동주는 반년만 이곳에 다니다가 송몽규가 있는 교토의 도시샤대학으로 편입했어. 그런데 왜 나라를 사랑한다는 사람들이 그토록 싫어하던 일본에 공부하러 갔는지 궁금할 거야. 그 이유는 나중에 일본 경찰에게 붙잡힌 이들의 진술을 보면 알 수 있어.

"조선 독립을 위해 민족 문화를 연구하려면 전문학교 정도로는 부족하다고 보았기 때문이다."

　개인적인 성공이나 사사로운 이익을 위해 유학길을 떠난 게 아니었던 거지. 그런데 일본 유학을 위해 윤동주는 치욕스러운 일을 하나 해야만 했어. 바로 창씨개명이야. 당시 연희 전문학교에 새 교장으로 부임한 친일파 윤치호가 창씨개명한 이름이 '이동치호'였는데, 학생들은 이 이름을 두고 "이 똥 치워!"라며 조롱하곤 했대. 그렇게 모욕적인 일을 바로 내가 해야 한다고 생각해 봐. 윤동주의 심정이 정말 끔찍했겠지?

　당시 일본에 건너가려면 도항증명서가 필요했어. 일본으로 가도 좋다는 허가증 같은 거야. 이 증명서를 받으려면 무슨 목적으로 일본에 가는지, 어느 지역에 가는지, 얼마나 머물 것인지 등의 정보를 경찰에게 말해야 했는데 창씨개명을 안 하면 이 서류를 신청조차 할 수 없었어. 그래서 윤동주는 〈참회록〉이라는 시를 쓰고 마음을 다잡은 뒤, 억지로 창씨개명을 했지.

　　파란 녹이 낀 구리 거울 속에

　　내 얼굴이 남아 있는 것은

　　어느 왕조의 유물이기에

　　이다지도 욕될까

나는 나의 참회의 글을 한 줄에 줄이자

一만 이십사 년 일 개월을

무슨 기쁨을 바라 살아왔던가

- 윤동주, 〈참회록〉에서


그렇게 힘들게 일본에 온 만큼 윤동주는 열심히 공부했어. 그러던 중 1943년 여름 방학을 맞아 오랜만에 고향에 가려고 했지. 그런데 갑자기 일본 경찰이 들이닥쳐 그를 붙잡아 갔어. 경찰서에 가니 이미 송몽규와 교토 제3고등학교에 다니던 고희욱이 잡혀 와 있었지. 알고 보니 일본 경찰들이 송몽규의 과거 독립운동 이력 때문에 그와 그의 주변 인물을 감시하고 있었던 거야. 어느 정도였냐면 이들 셋이 언제 어디서 만나 어떤 이야기를 했는지부터 몇 시에 함께 식사했는지까지 상세하게 기록할 정도였지. 결국 윤동주는 재판 끝에 1944년 3월 '조선 독립을 모의한 죄', '조선말과 조선의 역사를 연구하면서 민족 문학을 강조한 죄'로 후쿠오카 형무소에 갇히게 되었어.


## 하늘과 바람과 별이 된 시인

그로부터 1년 뒤인 1945년 2월, 해방을 6개월 앞두고 윤동주는 감옥에서 숨을 거두었어. 사인은 생체실험 때문으로 추정

해. 그는 경찰에게 잡힐 때만 해도 건강한 상태였지만 형무소에 있는 동안 무엇인지 알 수 없는 주사를 계속 맞았다고 해. 윤동주가 죽고 난 후 그의 당숙인 윤영춘이 송몽규를 면회 갔을 때 송몽규가 말하길 윤동주와 자신은 계속해서 주사를 맞았다고 했대. 그러고 나서 9일 뒤 송몽규 역시 세상을 떠나고 말았지. 송몽규는 어찌나 원통했는지 눈을 뜬 채로 죽었고, 그의 아버지가 시신을 찾으러 갔을 때 비로소 눈을 감겨 줄 수 있었다고 해.

"2월 16일 동주 사망, 시체를 가지러 오라."

윤동주의 고향 마을에 전보가 날아들었어. 그의 아버지는 그길로 후쿠오카 형무소로 가서 그의 시체를 화장하고 유골을 가슴에 안고서 룽징에 돌아왔어. 1945년 3월 6일 윤동주의 집에서 장례식이 열렸고, 그 자리에서 그의 시 〈자화상〉과 〈새로운 길〉이 낭송되었지.

윤동주는 지식의 힘을 거듭 쌓아 항일하고자 했던 사람이야. 생전에는 인정받지 못했지만, 지금은 우리나라 사람이라면 누구나 아는 시인이 되었지. 대기는 만성이라고 그가 읊조렸던 것처럼 말이야. 그의 시를 지금 우리가 읽을 수 있게 된 것은 다행히도 그의 주변에 좋은 사람들이 있었기 때문이야. 학도병으로 징집되기 전에 윤동주의 첫 시집 필사본을 고향 집에 잘 숨겨 두었던 후배 정병욱, 그의 유품들을 보관했으며 나중에 그의 시집이 나올 수 있도록 발품 판 강처중, 윤동주가 중학생 때 쓴 시와 동시 들을 보관한 여동생 윤혜원, 마지막으로 당대 이름난 시인으로 윤동주의 시집에 서문을 쓰고, 시집이 발간될 수 있도록 힘쓴 정지용 등 많은 사람의 노력으로 우리가 《하늘과 바람과 별과 시》를 만날 수 있게 된 거야. 수난의 시기에도 아름다운 시를 남겼던 윤동주는 1990년 건국훈장 독립장을 수여받았어.

# 윤동주는 우리 시인

죽고 나서야 윤동주의 시가 인정을 받은 점도 안타깝지만, 더 안타까운 건 바로 중국과 일본이 그를 자기네 시인이라고 우긴다는 거야.

2012년 중국 지린성은 윤동주가 어린 시절 살았던 생가를 관광지로 개발했어. 그러면서 그곳에 '중국 조선족 애국 시인'이라고 적은 커다란 안내석을 세웠지. 그런데 이건 애초에 말이 안 되는 소리야. '조선족'이라는 말은 1954년 중화 인민 공화국이 건국된 이후 중국 땅에서 태어난 조선인을 가리키는 말이거든. 그것뿐만이 아니야. 하루 20억 명이 넘는 사람들이 이용하는 중국 최대 포털 사이트인 '바이두'에는 윤동주의 국적을 '중국'이라고 표기했어.

윤동주가 중국에서 유년기를 보낸 것은 사실이지만 중국 국적을 가지지는 않았어. 당시 일제의 억압을 피해서 많은 조선인이 베이젠다오(북간도) 지역으로 건너갔고, 그의 할아버지 역시 그런 사람 중 한 명이었을 뿐이지. 그리고 윤동주는 아름다운 우리말로 시를 썼지, 중국어로 쓴 적이 없어. 심지어 그의 시 〈별 헤는 밤〉을 보면 '패, 경, 옥 이런 이국 소녀들의 이름과'라고 말하는 구절이 있어. 이것만 봐도 그가 스스로 조선인이라고 인식했다는 걸 알 수 있어. '패, 경, 옥'은 '페이, 징, 위'라는 중국인 이름이거든.

일본의 경우도 마찬가지야. 일본인 중에는 그의 아름다운 시를 흠모하는 사람이 많은데, 그런 만큼 그를 일본인으로 탈바꿈하려는 사람도 있어. 일본어판 위키백과에는 '윤동주는 만주 출생의 조선 민족으로, 일본 국적의 시인'이라고 되어 있어. 마치 도쿄 올림픽 개막을 앞두고 일어났던 손기정 선수에 대한 논란처럼 말이야. 당시 일본 올림픽 박물관에 전시된 손기정 선수 소개란을 보면 그를 일본인이라고 적어 놓았거든. 우리의 소중한 시인을 잃어버리지 않도록 많은 관심이 필요해.

# 낮에는 시인
## 밤에는 무장 투쟁가

나를 희생해
민족을 구원하리

#17번의 투옥

| 사교성 | |
| --- | --- |
| 천재성 | |
| 노력 | |
| 행복 | |
| 수명 | |

# 7

# 강철 무지개를 꿈꾼 초인

# 이육사

# 1904~1944

경상북도 안동시 출생
독립운동가, 시인, 기자

**대표작**

⟨절정⟩ ⟨광야⟩
⟨교목⟩ ⟨청포도⟩ ⟨꽃⟩

무장 독립 투쟁을 위해 무기 반입을 도울 사람을 구하려고 중국에서 잠시 조선으로 돌아온 이육사는 어떻게 알았는지 들이닥친 일본 경찰에게 또다시 붙잡히고 말았어. 그는 모진 고문을 받고 베이징에 있는 감옥으로 이송되었지. 당시 지병도 있던 터라 그는 이것이 마지막일 수도 있음을 직감했어.

이송을 위해 청량리역에 도착했을 때 그의 눈에 멀리 낯익은 얼굴이 보였어. 그의 아내와 4살 난 딸이었지.

"아이 얼굴 한 번만 보고 가게 해주시오."

일본 경찰들도 사람인지라 그의 부탁을 들어 주었어. 대나무를 엮어 만든 용수(죄수의 얼굴을 보지 못하게 머리에 씌우는 둥근 통 같은 기구)를 쓰고 포승줄에 묶인 채 그는 아내와 아이에게 다가갔지. 금방이라도 울음이 터질 것 같았지만 그는 애써 참았어.

"잃어버린 나라를 되찾기 전에는 결코 눈물을 흘리지 말 아라."

돌아가신 어머니의 이 말씀을 지금껏 지켜왔거든. 누군가 용수를 잠시 벗겨 주었고, 그는 딸의 볼에 얼굴을 잠시 부빈 후, 손을 꼭 쥔 채 담담하게 말했어.

"아빠 갔다 오마."

그러나 그 약속은 끝내 지켜지지 못했어.

## 264, 이름이 된 수인 번호

17번이나 감옥에 갇혀 가며 독립을 위해 한 몸 바친 사람, 그러면서도 우리 문학사에 길이 남을 아름다운 시를 남긴 사람, 바로 이육사야. 이육사는 1904년 경상북도 안동에서 6형제 중 둘째 아들로 태어났어. 본명은 이원록, 육사는 그의 호야. 여기 얽힌 이야기가 하나 있는데, 이건 조금 있다가 얘기할게. 그는 조선시대 성리학자인 퇴계 이황의 14대손이기도 했는데, 그 덕 분에 어릴 적부터 이황 선생의 가르침을 새겨들으며 자랐어. 《소학》, 《논어》와 같은 한학도 할아버지에게서 배웠지.

그러고 보면 이육사의 정신은 이때부터 만들어진 것 같아. 그의 할아버지는 나라를 잃게 되자, 배워야 이길 수 있다며 보문 의숙이라는 학교를 세웠어. 이육사의 외가 쪽에는 일제에 저항하다 사형당한 의병장 허위라는 사람도 있었고, 이후 이육사와 함께 활동하게 되는 독립운동가도 많았어. 또 친척 할아버지 중에는 향산 이만도라는 사람이 있었는데, 이 사람은 조선이 국권을 잃은 이후 24일간 단식하다 죽고 말았어. 이런 집안에서 자라다 보니 이육사 역시 자연스럽게 나라를 사랑하는 마음을 가지게 되었던 거야.

이육사는 17살에 안일양이라는 여성과 결혼했어. 그러나 아내의 말에 따르면 결혼 후 이육사가 사망하기까지 20여 년 동안 그와 함께 보낸 기간은 고작 2년 남짓이었다고 해. 왜였을까? 바로 그가 독립운동을 위해 늘 집 밖에서 활동했기 때문이야. 1925년 이육사는 친척인 이정기와 함께 무장 독립운동 단체를 만들고 비밀리에 움직였어. 이때 그는 군자금 모으는 일을 했지. 당시 돈 많은 사람 중에 몰래 이들을 돕는 사람이 많았어. 강도를 당해서 돈을 잃었다고, 또는 한량처럼 술만 먹고 놀다가 집안이 망했다고 말하고 다니지만 실은 독립운동 자금을 지원했던 사람들이 있었지.

1927년 조선은행 대구 지점 폭파 사건이 일어났어. 조선은행은 일제가 세운 중앙은행인데, 조선 경제를 수탈하기 위해 만든 기관이었어. 이곳에 장진홍 의사가 폭탄을 보냈는데, 이 폭탄이 폭발하면서 일본 경찰과 은행원 몇 명이 심각한 부상을 입은 거야. 이육사와 형제들은 이전에 독립운동 단체를 만들어 활동한 적이 있다는 점 때문에 범인으로 의심받아 수감되었어. 그리고 감옥에서 모진 고문을 받았지. 당시 사람들 사이에는 "일본 경찰에게는 사람을 10번 죽였다가 살리는 고문 기술이 있다"라는 말이 돌 정도로 일제의 고문은 무척 잔인했어. 손톱 사이로 바늘 찔러 넣기, 거꾸로 매달아 놓고 코에 뜨거운 물 붓기, 대나무로 살점 벗겨내기 등 상상만 해도 끔찍한 것들이었지. 그러나 이육사와 형제들의 우애는 끈끈했어. 이들은 서로 나를 고문하라며 대들었거든. 고문하던 사람도 깜짝 놀랄 정도였다고 해.

"이육사(264) 나와라!"

서대문형무소에서 촬영된 이육사의 모습

264는 감옥에서 받은 이육사의 수인 번호였어. 그가 불려 나갈 때마다 함께 갇힌 사람들은 마음을 졸였지. 한번 끌려갔다 돌아오면 죄수복은 피범벅이고 몸도 제대로 가누지 못했기 때문이야.

이육사의 죄수복이 깨끗해지는 날은 그의 어머니가 다녀가는 날이었어. 어머니는 형제들의 피 묻은 죄수복을 가져다가 깨끗이 빨아서 다시 가져오곤 했어. 자식들의 피가 묻은 옷을 들고 집으로 향하는 어머니의 심정은 어땠을까? 아마 말로 다 표현하기 힘들 정도였을 텐데도, 면회할 때 아들이 눈물을 보이려 하면 어머니는 마음을 다잡고 엄하게 꾸짖곤 했대.

"나라 잃은 자는 눈물을 흘려서는 안 된다. 이는 결코 잘못해 후회할 일을 해서는 안 된다는 것이며 그런 만큼 떳떳한 사람이 되도록 해야 한다는 것이다. 네 죄라면 나라를 잃은 것이다. 실천하지 않는 양심은 오히려 그릇된 것이다. 마음에 새겨 두어라."

그와 형제들은 모진 고문에 시달리고도 거짓 자백조차 하지 않았어. 그저 모른다는 말로 일관했지. 그러다 1929년에 장진홍 의사가 일본에서 체포되면서 풀려나게 되었어. 그동안 이육사는 자신의 이름 이원록보다 이 수인번호가 더 익숙해졌어. 의로운 일을 하고 떳떳하게 옥살이했으니 이 번호가 부끄럽지 않았던 거야. 이때부터 그는 자신의 호를 수인번호 264에서 따서

'육사'라고 짓고 살아가게 되었어.

## 침묵은 나의 무기

이육사는 출옥 후 중외일보, 조선일보 등의 신문사에서 기자로 일했어. 동시에 무장 독립운동 단체인 의열단 활동도 시작했지. 의열단은 〈암살〉, 〈밀정〉 같은 영화의 소재로 다루어지면서 우리에게 잘 알려진 단체이기도 해. 이육사는 항상 깔끔한 옷차림에 머리도 단정하게 하고 다녔는데, 이는 의열단의 특징이기도 했어. 그들은 언제 죽을지 모르기 때문에 항상 자신에게 최대한 충실하고자 노력했거든. 그게 마지막 모습이 될 수도 있으니 말이야.

그러던 중 장진홍 의사의 순국 소식이 들려왔어. 장진홍은 법정에서 사형 선고를 받고 나서 "대한 독립 만세!"를 외치며 판사를 향해 의자를 집어 던졌다고 해. 그런 뒤 일제에게 죽임을 당할 수는 없다며 감옥에서 자결했지. 이육사는 이 소식을 듣고 자신도 나라를 위해 무언가를 해야겠다고 결심했어.

1930년 이육사는 대구 격문 사건에 참여했어. 이 사건은 대구의 사회운동 세력이 한일 합병 기념일 행사를 반대하고, 일제의 만주 침략을 규탄하는 격문(어떤 일을 여러 사람에게 알려서 부추기는 글)을 대구 곳곳에 붙인 항일 투쟁 사건이야. 그도 대구 이곳

저곳을 뛰어다니며 격문을 붙이고 다녔지. 그러다 결국 일본 경찰에게 체포되었고, 또다시 고문과 조사를 받았어. 하지만 그는 자기 행동이 정당하다고 생각했기 때문에 그저 묵묵히 견뎌낼 뿐이었어.

이후 이육사는 중국을 자주 오가며 무장 독립운동을 위한 활동을 시작했어. 아쉽게도 당시 그가 어떤 활동들을 했는지 남아 있는 자료가 별로 없어. 독립운동가의 삶을 알 수 있는 중요한 자료 중에 수감 기록이 있는데, 이육사는 붙잡혀도 입을 열지 않았기 때문에 그가 무슨 일을 했는지 알 수 있는 정보가 많지 않아. 그뿐만 아니라 주변 사람들이 자기 때문에 해를 입게 될까 봐 정말 가까운 친구에게조차 자신이 하는 일에 대해 말하지 않았다고 해. 그래서 여기서는 확실히 알려진 몇 가지 일화만 이야기해 볼까 해.

1932년 9월 이육사는 의열단 활동을 계속하면서 동시에 군관학교에 들어갔어. 1기 교육생인 그는 거기서 무장 투쟁을 위한 여러 훈련을 받았지. 그는 총을 특히 잘 쏘았고, 성적도 우수했어. 졸업 후 그는 비밀공작 임무를 받고 1934년에 귀국했는데, 얼마 지나지 않아 일본 경찰에게 또 체포되었어.

일제는 중국으로 건너간 1932년 이후 행적이 묘연해진 이육사를 수상히 여겨 계속 감시해 왔어. 그러던 중에 이육사의 처남인 안병철이 중국에서 귀국하던 중에 체포되고 만 거야. 그도 이육사와 함께 군관학교에서 훈련받은 인물이야. 안병철은 모진 고문 끝에 결국 군관학교에서 훈련받은 사람들의 이름을 전부 일본 경찰에게 불고 말았어. 그 때문에 관련된 사람들이 서대문 형무소로 줄줄이 잡혀 들어갔고, 이육사 역시 또다시 끌려가게 되었지.

3개월 뒤 풀려난 그는, 고문받은 건 견딜 수 있다고 생각했어. 하지만 이 일로 무장 투쟁 활동을 계속할 수 없게 된 것, 또 함께한 동료들이 겪었을 괴로움을 생각하니 너무나 한스러워 견딜 수가 없었어. 게다가 처남이 동료들의 이름을 모두 말했다는 사실은 그를 더 괴롭게 했지. 그는 아내의 집안에 다음과 같은 편지를 보냈어.

"더러운 피를 가진 집안의 사람을 아내로 둘 수 없으니 데려가십시오."

아내의 집안 전체를 욕보이는 말이기도 했지만, 이육사는 나라를 위해서라면 자신의 개인사는 어떻게 되든 상관없다고 여겼던 사람이야. 굳은 의지로 독립운동을 했던 사람들은 대부분 이육사와 같은 태도를 보였지. 개인을 희생해 큰 뜻을 이루고자 했던 거야.

아무튼 이 사건 이후로 일본 경찰의 감시는 더욱 심해졌어.

이육사 집 문 앞에 그들이 늘 서성거렸고, 이육사가 외출할 때마다 뒤따라가곤 했어. 이런 생활이 지속되면서 이육사도 아마 극심한 스트레스를 받았을 거야.

### 춥고 외로운 고원에서 홀로

그런 와중에 이육사는 중요한 인연을 만나게 돼. 위당 정인보는 당시 우리 문화를 지키는 것도 독립운동의 한 방법이라 생각해서 다산 정약용의 글들을 정리하고 있었는데, 이육사는 정인보의 작업을 돕다가 신석초 시인을 알게 되었어. 둘의 성격은 달랐지만, 이상하게도 처음 만났을 때부터 서로 깊은 끌림을 느꼈지. 그들은 시에 대한 이야기를 나누다가 밤을 지새우기도 했어.

어느 날 신석초가 이육사에게 물었어.

"자네, 안경은 왜 늘 쓰고 있는가? 눈이 나쁘지도 않으면서 말이야."

이육사는 신석초의 말에 깜짝 놀랐어. 그동안 눈이 나쁜 척 연기를 해왔거든.

"그걸 어찌 알았는가?"

"어젯밤 자네가 많이 취했는데, 안경 없이도 평소처럼 행동하길래 알 수 있었지. 혹시 변장 용도로 쓰는 건가?"

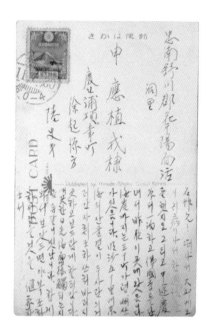

이육사가 신석초에게 보낸 엽서
신석초와 헤어진 후 경주에 들러 불국사에 갔다는 내용이 있다.

이육사는 간담이 서늘해 오는 것을 느꼈어. 그는 아무리 술에 취해도 정신을 놓지 않으려 노력해 왔는데, 긴장을 놓는 순간 그간 해온 모든 일이 틀어질 수도 있기 때문이었어. 그는 지난밤의 자신을 속으로 꾸짖으며 말했어.

"안경은 그냥 멋으로 쓰는 걸세."

"자네가 그렇게 늘 잘 차려입고 다니는 것도 그냥 멋이라는 말인가?"

신석초는 그가 종종 말도 없이 사라졌다가 나타나는 것을 두고 하는 말임을 넌지시 눈치 주며 말했어.

"오늘이 내 삶의 마지막 날이라고 생각해 보게. 가장 멋진 모습이면 좋지 않겠는가? 나는 늘 자신에게 최선을 다하는 모습이 바로 모던 보이의 덕목이라고 생각하네."

농담처럼 말했지만 사실 반은 진심이기도 했어. 언제 죽음을 맞이할지 모르는 삶. 그것이 그의 삶이었으니까. 거기에 마음이 여린 신석초를 끌어들이고 싶지 않았던 거야. 이육사가 말 없이 조금 굳은 표정을 보이자 신석초는 그의 마음을 읽고 더는 묻지 않았어.

생각해 보면 이육사는 참 많이 외로웠을 것 같아. 가장 가까이 지내는 친구에게조차 말할 수 없는, 혼자서만 견뎌내야 하는 심정을 한번 생각해 봐. 과연 우리는 버텨 낼 수 있을까? 웬만한 정신력으로는 살아 낼 수 없을 거란 생각이 들어.

매운 계절의 채찍에 갈겨
마침내 북방으로 휩쓸려오다

하늘도 그만 지쳐 끝난 고원
서릿발 칼날 진 그 위에 서다

어데다 무릎을 꿇어야 하나?

한발 제겨디딜 곳조차 없다


이러매 눈감아 생각해 볼밖에

겨울은 강철로 된 무지갠가 보다.

– 이육사, 〈절정〉


북방, 고원, 칼날. 이 시의 화자는 발 디딜 곳조차 없는 극한의 상황에 놓여 있어. 강인한 정신력이 있더라도 견디기 힘든 상황이야. 그 와중에 그는 '강철로 된 무지개'를 생각해. 이 시의 핵심이라고도 할 수 있는 강철 무지개는 무슨 의미일까?

이에 대한 여러 가지 해석이 있는데, 극한의 상황에서 역설적으로 느끼게 되는 황홀감이라는 해석도 있고, 역시 그런 상황에서 자신을 던져 현실을 초월하고자 하는 의지라는 해석도 있어. 또 실제로 겨울의 햇무리를 보고 거기에서 차가운 무지개의 이미지를 따온 것이라고도 하고, 강철처럼 혹독한 상황을 극복해서 무지개라는 희망적인 상황으로 나아가겠다는 의지라고도 해. 나는 개인적으로 '무지개처럼 사라질 일제'라고 해석해 봤어. 강철처럼 단단해서 절대 끝나지 않을 것 같은 일제의 지배도 곧 무지개처럼 희미해져 사라질 거라고 말이야.

조금 어렵지? 위의 해석 말고도 읽는 사람마다 새로운 의미를 발견할 수 있어. 앞에서도 말했지만 다양한 해석이 가능하다는 건 그만큼 훌륭한 시라는 의미거든. 그러니 한번 찬찬히 읽고 나만의 의미를 찾아봐.

### 펜을 들고 싸우리라

이 무렵 이육사는 일제의 감시를 피하려고 가짜 신분증을 사용해 국경을 오갔어. 한두 번은 무사히 넘어갔지만 결국 붙잡혀 감옥에 가기도 했지. 그래서 그는 방식을 바꿔야겠다고 생각했어. 바로 시를 쓰는 것이었지. 비유나 상징을 적절하게 사용해서 돌려 말하면 일제의 검열을 피할 수도 있었거든. 숨겨진 의미가 잘 통한다면 많은 사람의 정신을 일깨울 수 있고, 이를 발판 삼아 독립의 날을 앞당길 수도 있을 거로 생각했어.

1920년대에 일제는 문화 통치를 명목으로 조선인에게도 교육의 기회를 주는 척했어. 하지만 사실은 친일파를 만들어 내는 교육이 목적이었지. 이것은 1930년대 우리 민족의 정신까지 모조리 없애려는 민족 말살 정책으로 이어졌어. 이런 식의 교묘한 술책으로 같은 민족을 갈라놓으려는 일제에게 화가 난 이육사는 친일파나 일제 관리에게 경고 편지를 써서 익명으로 보내기도 했어.

내가 바라는 손님은 고달픈 몸으로
청포를 입고 찾아온다고 했으니

내 그를 맞아 이 포도를 따 먹으면
두 손은 함뿍 적셔도 좋으련

아이야 우리 식탁엔 은쟁반에
하이얀 모시 수건을 마련해 두렴
  - 이육사, 〈청포도〉에서


이 시는 이육사가 가장 좋아했던 시라고 해. 그의 아내 역시 하이얀 모시 수건의 이미지를 참 좋아했다고 하고. 이 시의 화자는 '손님'을 기다리고 있어. 지친 그를 위해 이마를 닦을 '모시 수건'을 준비해 두고 말이야. 마침내 그가 오면 함께 '청포도'를 두 손이 함뿍 젖도록 먹겠다고 말하고 있어. 그렇다면 '손님'은 누굴까? 여러 의미일 수 있겠지만 아마도 이육사가 그토록 바라던 조국의 독립이 아닐까?

아내 이야기가 나와서 말인데, 이육사의 아내는 앞서 이야기했던 처남 사건 이후로 이육사가 얼굴도 제대로 보지 않으려 하자 죄책감을 느끼고 여러 번 목숨을 끊으려 했대. 그때마다 이육사의 어머니, 즉 시어머니가 그녀를 말렸지. 사실 이육사가 수없이 옥살이하는 동안 뒷바라지를 한 것도 아내였어. 그의 어머니가 했던 것처럼 남편의 죄수복을 빨아다 주면서 말이야.

이육사는 퇴계 이황 선생이 지적 장애가 있던 아내 권 씨를 부부의 예로써 늘 감싸 주었던 것을 떠올렸어. 그러면서 '가정을 제대로 세우지 못하는 자가 나라를 지킬 수 있겠는가'라고 생각했지. 결국 이육사는 자기 행동을 반성하고 아내의 집안에 대한 분노도 거두었어.

그러면서 1941년에 이육사의 딸이 태어났지. 그는 딸의 이름을 기름질 옥에 아닐 비를 써서 '옥비'라고 지었어. 한자 '아닐 비非'는 뜻이 부정적이라고 해서 사람 이름에 사용하지 않는 한자야. 그래서 주변 사람들은 의아하게 생각했지. 하지만 이육사는 딸이 소박하고 욕심 없이 살기를 바라는 마음으로 다른 사람의 의견에 개의치 않고 그렇게 지었어.

1943년 1월 1일 이육사는 신석초를 찾아가 함께 눈을 밟자고 넌지시 말했어. 평소에도 눈 밟는 소리를 좋아하던 그는 그날따라 중국 새해에 눈을 밟는 '답설'이라는 풍습 얘기까지 꺼내면서 신석초를 꼬드겼지. 두 사람은 새하얀 눈을 뽀드득뽀드득 밟으며 함께 걸었어. 그러던 중 이육사가 침묵을 깨고 본론을 꺼냈는데, 바로 독립운동을 위해 곧 베이징으로 떠날 거란 얘기였어. 마지막으로 정말 큰일을 일으킬 것만 같은 비장한 목소리로 말이야.

그렇게 중국으로 떠난 이육사는 1943년 5월 독립운동과 관련된 일도 할 겸 어머니의 소상(사람이 죽은 지 1년 만에 치르는 제사)을 치르기 위해 잠시 귀국했는데, 이때 또다시 일본 경찰에게 붙잡혔어. 그다음 대목이 바로 이 이야기의 맨 처음 부분이야. 그렇게 이육사는 1944년 베이징 주재 일본총영사관 교도소에서 결국 세상을 떠났어. 그때 그의 품에서 발견된 시가 바로 〈광야〉라고 해. 이 시에는 독립을 향한 꺾이지 않는, 그가 마지막까지 품고 있던 희망이 담겨 있어. 안타깝게도 그는 광복을 불과 1년 반 남겨 두고 눈을 감고 말았지. 홀로 아득한 매화 향기 같은 삶을 살다 간 이육사에게 1968년 건국훈장 애국장이 추서되었어.

지금 눈 나리고

매화 향기 홀로 아득하니

내 여기 가난한 노래의 씨를 뿌려라


다시 천고의 뒤에

백마 타고 오는 초인이 있어

이 광야에서 목 놓아 부르게 하리라

– 이육사, 〈광야〉에서

# 육사(六四) 육사(戮史)
# 육사(肉瀉) 육사(陸史)

이육사의 호는 사실 여러 번에 걸쳐 바뀌었어. '육사'라는 소리는 같지만, 뜻이 달라졌지. 처음에는 자신의 수인 번호인 264에서 따서 여섯 육(六)에 넉 사(四)로 육사(六四)라 지었어. 그러다 집안 어른의 집에 머물던 중 죽일 육(戮), 역사 사(史)로 육사(戮史)라는 호를 생각하게 되었지. 육(戮)은 육시(戮屍)라는 형벌에 쓰이는 글자야. 육시는 죽은 사람의 무덤을 파헤쳐서 그를 다시 죽이는 것으로, 과거 가장 무거운 형벌 중 하나였어. 그런데 역사를 죽인다는 것은 무슨 뜻일까? 바로 일제가 강점하고 있는 지금의 역사, 그러니까 치욕의 역사를 부정하고 이를 찢어버리는 일을 하겠다는 의미인 거야. 일제에 대한 저항 의지가 잘 드러나고 있지. 이후 이를 들은 집안 어른이 너무 노골적이라며 그로 인해 화를 당할까 걱정된다고 했을 정도였어.

다음으로 바꾼 호는 고기 육(肉)에 쏟을 사(瀉)로 육사(肉瀉)였어. 한자를 풀어 보면 고기를 먹고 설사한다는 뜻이야. 이 역시 당시 일제의 횡포를 비꼬는 것으로, 일제가 우리 민족을 수탈해 배를 채우지만 곧 탈이 나게 될 거라는 의미였어. 이 호를 조선일보에서 기자로 일할 당시 신문 기사에 네 차례 사용하기도 했어.

마지막으로 쓴 호는 물 육(陸)에 역사 사(史)로 지금 우리가 그의 이름을 부를 때 쓰는 육사(陸史)야. 두 번째로 지은 육사(戮史)와 비슷하면서도 훨씬 온건한 표현인 셈인데, '이 땅의 역사'라는 의미를 지니고 있어. 풀어 보면 반만년의 오랜 역사를 지닌 땅은 결코 사라지지 않을 거라는 뜻이지. 일제 강점기는 금방 끝날 것이며 그 짧은 역사는 우리의 역사에 비할 바가 못 될 거라는 의미도 함께 담겨 있어. 이 호는 집안 어른의 충고를 듣고 만든 호라고 해.

이육사는 호 하나를 지을 때도 고심했고, 또 자신의 강력한 의지를 담아서 지었어. 나만의 의미 있는 호칭을 스스로 만드는 것도 꽤 멋지다는 생각이 들어. 이육사가 그랬던 것처럼 우리도 꿈이나 의지, 희망을 담아서 호를 한번 지어 보면 어떨까?

**Q1.**

우리는 보통 국어 시간을 통해 저항시를 접합니다. 그렇다 보니 저항 시인의 개인적인 삶에 대해서는 잘 모르는 경우가 많은데요, 그들의 삶을 아는 것이 시를 감상하는 데 있어 도움이 되나요?

저 역시 학창 시절에는 시인들의 삶에 대해 잘 알지 못했어요. 문학 작품은 그저 입시를 위한 수단이었기 때문에, 굳이 시인의 삶까지 알 필요는 없다고도 생각했었죠. 그래서였을까요? 어느 순간 학교에서 배운 일제강점기의 시들은 말 그대로 저항시 그 이상도 이하도 아닌 것처럼 느껴졌어요. 감동도, 재미도 없었죠. 문제는 이게 끝이 아니었어요. 모든 시들이 그렇게 재미가 없어져 버린 게 제일 큰 문제였어요. 시가 왜 아름다운지, 어떻게 사람의 마음을 움직이는지 배우지 못한 채 학창 시절이 지나가 버렸죠.

시인들의 삶에 관심을 갖게 된 건 대학 때부터였어요. 그때 처음으로 그들의 삶을 살펴보고, 어떤 마음으로 시를 썼을지 생각해 보기 시작했어요. 그랬더니 놀랍게도 시의 감동이 조금씩 살아나더라고요. 이육사의 삶을 알게 된 뒤 그의 시를 읽었을 때 받았던 감동은 아직도 잊히지 않아요. 왜 아름다운 작품이라고 하는지, 그제야 온전히 이해하게 되었죠. 시를 감상하는 방법에는 여러 가지가 있지만, 그중 하나가 시인의 삶에 비추어 감상해 보는 거예요. 그렇게 읽으면 시어 하나하나에 담긴 시인의 절절한 마음과 태도, 시선을 훨씬 더 잘 이해할 수 있거든요. 시적 상황에 대해 좀 더 구체적인 상상도 가능해지고 말이에요.

## Q2.

국어 선생님으로서 다양한 시대의 많은 작품을 가르치셨을 텐데요, 그중에서 '일제강점기 저항 시인'을 주제로 선택한 특별한 이유가 있으신가요?

일제강점기는 우리 민족사에서 가장 어두웠던 시기였어요. 괴롭지만 결코 잊어서는 안 되는 역사이지요. 당시 누군가는 총이나 칼을 들어 저항했다면 누군가는 펜을 들어 저항했어요. 그게 바로 이 책 속의 시인들입니다. 사실 이 시기는 우리 민족이 가장 치열하게 싸웠던 시기이기도 하면서 동시에 가장 낭만적인 시대이기도 해요. 나라 잃은 어두운 사회 분위기 속에 새로운 문물들로 일렁이는 낭만이 한쪽에서 꽃피었거든요. 시만 알기에는 시인들의 삶이 참 치열하고도 낭만이 가득했어요. 그들의 삶을 알 때 시 감상이 한층 더 다채로워질 거라는 생각에 이 주제를 선택하게 되었습니다.

## Q3.

이 책에서 소개한 시인 외에도 일제강점기의 저항 시인에는 어떤 인물이 있을까요?

비록 이 책에서는 다루지 못했지만, 일제에 저항했던 많은 시인이 있었어요. 먼저 시 〈논개〉로 유명한 변영로 시인이 있습니다. 그는 독립선언서를 영문으로 번역해서 해외로 보내기도 했죠. 일제의 탄압을 피해 소련으로 망명해서 저항시를 썼던 조명희 시인이나, '내 마음은 호수요, / 그대 노 저어 오오.'로 유명한 시 〈내 마음은〉을 지은 김동명 시인도 있고요. 그런가 하면 우리나라 최초의 시 전문지 〈시원〉을 창간한 오일도 시인도 있고, 제2의 윤동주라 불리지만 그와 다르게 저항 방식은 아주 뜨거웠던 심연수 시인도 있어요.

**Q4.**

시인들의 독립 활동만큼이나 러브스토리도 굉장히 흥미롭습니다. 영화로 만든다면 어떤 시인의 이야기가 가장 인기가 많을까요?

윤동주의 경우 이미 영화 〈동주〉가 만들어졌죠. 영화를 본 친구들이 있다면 아마도 느끼는 게 많았으리라 생각해요. 윤동주를 제외하고 앞에서 이야기했던 시인 중에서는 백석의 삶을 영화로 만들어 보면 어떨까 해요. 이루어질 수 없었던 첫사랑과 친구의 배신, 자야와의 뜨거웠던 사랑 이야기, 그러다 결국엔 혼자가 되어 쓸쓸히 만주를 떠돌던 모습까지 한 편의 영화가 될 만한 스토리라인이 충분히 잡히니까요. 멋진 영상미가 함께한다면 정말 아름다운 영화가 만들어질 것 같아요. 거기다 백석만큼 잘생긴 배우가 출연한다면 더더욱 몰입될 것 같은데요? 백석 역할에 어떤 배우가 어울릴지 벌써 상상해 보게 되네요.

**Q5.**

책에 나오는 7인의 시인들은 시 수업을 따로 들은 것도 아닌데 훌륭한 시를 썼습니다. 비결이 뭔가요? 시를 잘 쓰기 위한 소소한 팁이 있다면 알려 주세요.

일단 많이 써보는 것이 중요하다고 말하고 싶어요. 좋은 작품을 많이 베껴 써보기도 하고요. 김영랑이나 윤동주를 보면 시로 인정받기 이전에 수없이 습작했던 기간이 있었어요. 윤동주의 경우 백석의 시집을 통째로 베껴 쓰기도 했고요. 그렇게 많이 쓰다 보면 자연스럽게 시의 화법을 몸이 기억하게 된답니다. 지금도 많은 시인이 등단하기 전에 시집 2~3권 분량은 족히 될 만큼 시 쓰는 연습을 한다고 해요.

그리고 창의적인 발상도 중요한데요, 이육사의 시 〈절정〉에 나오는 '강철로 된 무지개' 같은 표현이 그런 예입니다. 무지개라는 잡히지 않는 존재를 강철과 연결해 우리에게 기묘한 감각을 느끼게 하고, 또 그 의미를 여러 방향으로 해석해 보게도 하지요.

## Q6.

이처럼 뛰어난 문학적 소양을 지닌 이들이 일제강점기가 아닌 지금 시대에 태어났더라면 어떤 경력을 쌓으며 살았을까요?

재미있는 질문이네요. 먼저 한용운은 유명한 스님이 되었을 것 같아요. 생전에 대중에게 적극적으로 다가가려 했던 것처럼, SNS 활동도 열심히 하고 자신의 시도 적극적으로 소개하면서 말이에요. 이상화는 멋진 교사이자 시인이 되었을 것 같네요. 앞에서 미처 다루지는 못했지만, 학생들과 많이 교감했던 좋은 교사였거든요. 심훈은 유명한 영화감독이자 시인이 되어 있겠네요. 생각만 해도 멋진데, 실제로 지금 딱 그런 분이 있어요. 바로 영화 〈말죽거리 잔혹사〉로 유명한 유하 감독이 시인이자 영화감독이랍니다. 김영랑은 음악 평론가가 되었을 것 같아요. 평생 좋아하는 음악을 듣고 글도 쓰면서 편안하고 즐겁게 살아가는 모습이 그려져요.

백석은 유명 시인으로 데뷔해서 TV에도 자주 나올 것 같아요. 시에 관심 없던 사람도 읽게 만드는 인플루언서가 된 그의 모습이 그려져요. 윤동주는 좀 어려운데… 잘 상상이 되지 않네요. 그의 성격상 평범한 삶을 살아갈 것 같은데, 그것도 그런대로 괜찮을 것 같아요. 자기 자신을 부끄러워하지 않고, 그로 인해 괴로워하지 않고 평범하게 살아가는 것이 어쩌면 그에게 가장 행복한 삶이 아닐까 싶어서요. 마지막으로 이육사! 왠지 국정원 요원이 된 그의 모습이 그려지네요. 나라를 위해 여러 문제를 멋지게 해결할 것 같아요. 이렇게 이들의 삶을 상상하니 왠지 기분이 좋아집니다. 사실 그동안 힘들고 고통스러웠던 삶을 다루면서 마음이 아팠거든요. 이들의 희생이 있었기에 지금의 우리가 멋진 미래를 그리며 살아갈 수 있는 거겠죠?

## Q7.

훌륭한 시만큼이나 시인들의 삶에서 배울 점이 많다고 느낍니다. 일제강점기만큼은 아니지만, 이 시대를 사는 우리 독자들도 억압과 부당한 대우를 받을 때가 분명 있을 거예요. 잘 헤쳐 나갈 수 있도록 시인들에게서 어떤 점을 배우면 좋을까요?

이 책을 통해 시인마다 성격이 다르다는 걸 알았을 거예요. 대쪽 같은 한용운, 불꽃 같은 이상화, 유머를 잃지 않은 심훈, 늘 여유가 있었던 김영랑, 아픔을 있는 그대로 표현할 줄 알았던 백석, 끊임없이 자신을 성찰한 윤동주, 묵묵히 견딘 이육사… 저마다 살아온 방식이 다르다 보니 불의에 대응하는 방법이나 괴로움을 견디는 방법도 각자 다를 수밖에 없어요. 누군가는 적극적으로 나서서 목소리를 낼 수도, 누군가는 조용히 혼자 아파할 수도 있겠죠? 정답은 없습니다. 다만 제가 개인적으로 마음에 들었던 방식은 심훈과 김영랑의 유머와 여유였어요. 사람이 절박한 상황에 부닥치면 허둥지둥하다가 오히려 일을 그르치기도 하거든요. 유머와 여유는 급할수록 돌아가라는 말과 일맥상통해요. 또, 긍정의 힘으로 고통을 이겨 내게 하는 원동력이 되지요. 독자 여러분도 힘들수록 오히려 유머를 잃지 않는 법을 배우면 좋겠습니다.

## 중학교

국어 3-2

I . 삶을 배우는 독서

　　2. 시집 읽고 해석하기

역사2

VI. 근·현대 사회의 전개

　　1. 국민 국가의 수립

X. 환경 문제와 지속 가능한 환경

　　1. 기후 변화
　　2. 산업 이전에 따른 환경 문제
　　3. 생활 속 환경 이슈

XII. 더불어 사는 세계

　　1. 세계의 다양한 지리적 문제
　　2. 지역 격차와 빈곤 문제

## 고등학교

국어

VI. 한국 문학의 흐름

　　3. 현대시 감상하기

문학

II. 문학의 수용과 생산

　　1. 문학 감상의 맥락

III. 한국 문학의 개념과 성격

　　2. 한국 문학의 보편성과 특수성

IV. 한국 문학의 갈래와 흐름

　　4. 근현대 문학

한국사

II. 근대 국민 국가 수립 운동

　　4. 일본의 침략 확대와 국권 수호 운동
　　5. 개항 이후 경제와 사회·문화의 변화

III. 일제 식민지 지배와 민족 운동의
　　 전개

　　1. 일제의 식민지 지배 정책
　　2. 3·1 운동과 대한민국 임시 정부
　　3. 다양한 민족 운동의 전개
　　4. 사회·문화의 변화와 사회 운동
　　6. 광복을 위한 노력

동아시아사
IV. 동아시아의 근대화 운동과
　반제국주의 민족 운동
　1. 새로운 국제 질서와 근대화 운동

인문학적 감성과 역사 이해
III. 역사는 우리에게 무엇을 줄 수
　있는가
　2. 역사 교육의 목적

교과 연계

## 책

김용직, 《님의 침묵 총체적 분석연구》, 서정시학, 2010

김광식, 《한용운 연구》, 동국대학교출판부, 2011

최익현 외, 《원문 사료로 읽는 한국 근대사》, 필맥, 2014

박재현, 《한용운 평전 만해, 그날들》, 푸른역사, 2015

이운진, 《시인을 만나다》, 북트리거, 2018

한양대학교 불교학생회 동문회, 《만해 한용운》, 맘에드림, 2019

김윤식 외, 《근대문학, 갈림길에 선 작가들》, 민음사, 2004

김학동, 《이상화 평전》, 새문사, 2015

이상화, 《이상화 시집》, 범우사, 2021

심재호, 《심훈을 찾아서》, 문화의 힘, 2016

구수경 외, 《심훈 문학 세계》, 아시아, 2016

한용운 외, 《독립운동 100주년 시집》, 스타북스, 2019

이숭원, 《영랑을 만나다》, 태학사, 2009

김현철, 《아버지 그립고야》, 동아일보사, 2010

김학동, 《영랑 김윤식 평전》, 국학자료원, 2019

전국국어교사모임, 《김영랑을 읽다》, 휴머니스트, 2020

고형진, 《백석 시 바로 읽기》, 현대문학, 2006

고형진, 《정본 백석 시집》, 문학동네, 2007

소래섭, 《백석의 맛》, 프로네시스, 2009

안도현, 《백석 평전》, 다산북스, 2014

이건청, 《윤동주》, 문학세계사, 2000

권오만, 《윤동주 시 깊이 읽기》, 소명출판, 2009

송우혜, 《윤동주 평전》, 서정시학, 2014

윤동주, 《하늘과 바람과 별과 시》, 더스토리, 2016

전국국어교사모임, 《윤동주를 읽다》, 휴머니스트, 2020

김학동, 《이육사 평전》, 새문사, 2012

박현수, 《한 권에 담은 264작은문학관》, 울력, 2016

이운진, 《시인을 만나다》, 북트리거, 2018

전국국어교사모임, 《이육사를 읽다》, 휴머니스트, 2021

고은주, 《내 이름은 264》, 아이들판, 2022

## 사이트

만해기념관 manhae.or.kr

디지털당진문화대전 dangjin.grandculture.net

독서신문 readersnews.com

심훈기념관 shimhoon.dangjin.go.kr

강진일보 nsori.com

## 사진 출처

12쪽 ⓒ만해기념관

21쪽 ⓒ국사편찬위원회

27쪽 ⓒ한국민족문화대백과사전

43쪽 ⓒ한국민족문화대백과사전

52쪽 ⓒ대한민국역사박물관

68쪽 ⓒ한국민족문화대백과사전

74쪽 ⓒ시문학파기념관

147쪽 ⓒ국사편찬위원회

152쪽 ⓒ이육사문학관

참고 자료

다른 포스트

뉴스레터 구독신청

## 별 헤는 광야의 시인들

일제강점기에도 꺾이지 않은 저항 시인 7인

| | |
|---|---|
| **초판 1쇄** | 2023년 7월 25일 |
| **초판 2쇄** | 2024년 4월 25일 |

**지은이**　박용진

**펴낸이**　김한청
**기획편집**　원경은 차언조 양희우 유자영
**마케팅**　현승원
**디자인**　이성아
**운영**　설채린

**펴낸곳** 도서출판 다른
**출판등록** 2004년 9월 2일 제2013-000194호
**주소** 서울시 마포구 동교로 27길 3-10 희경빌딩 4층
**전화** 02-3143-6478　**팩스** 02-3143-6479　**이메일** khc15968@hanmail.net
**블로그** blog.naver.com/darun_pub　**인스타그램** @darunpublishers

**ISBN** 979-11-5633-547-4　44000
　　　　979-11-5633-437-8 (세트)

다른 생각이
다른 세상을 만듭니다